# 汉语水平考试技巧

## （初、中等）

禾 木 主编

复旦大学出版社

iUniverse.com, Inc.

San Jose  New York  Lincoln  Shanghai

**Chinese Proficiency Test Technique**
(Elementary & Intermediate Level)

All Rights Reserved © 1999, 2000 by Fudan University Press

No part of this book may be reproduced or transmitted in any form or by any means, graphic, electronic, or mechanical, including photocopying, recording, taping, or by any information storage retrieval system, without the permission in writing from the publisher.

Published by iUniverse.com, Inc.
By arrangement with Fudan University Press

For information address:
iUniverse.com, Inc.
5220 S 16th, Ste. 200
Lincoln, NE 68512
www.iuniverse.com

Originally published by Fudan University Press

ISBN: 0-595-16309-2

Printed in the United States of America

# 汉语水平考试技巧

## （初、中等）

主　编　禾　木

编　者　新　玫、静　雯（听力理解）

　　　　高　原（语法结构）

　　　　钟　炜（阅读理解）

　　　　禾　木（综合填空）

# 说 明

《汉语水平考试技巧》(初、中等)是为参加汉语水平考试的外国人编写的一本应试参考读物。它可供应试辅导使用,也可供应试者自学复习、自我测定使用。

全书共有听力理解、语法结构、阅读理解、综合填空四项和模拟试题。每项包括说明、应试指导、训练三个部分以及训练参考答案。另外,还附有听力理解材料原文和模拟试题答案等。

本书内容充实,构思新颖。每一项都根据不同的情况,以方法和技巧为重点进行应试指导。通过学习、体会和训练,使应试者树立考试信心,掌握考试技巧,达到增强应试能力、提高汉语水平的目的。

使用本书应注重汉语技能的全面掌握,也希望应试者针对自己的需要多下工夫。相信在学习之后,定能得到意想不到的收获,在考试中发挥得更好。

本书的编写是在复旦大学国际文化交流学院朱立元院长、陶黎铭副院长的组织、领导下进行的,在此向他们表示敬意。

由于我们水平有限,不妥之处,恳请指正。

编 者<br>一九九九年八月

# 目　　录

第一项　听力理解 ……………………………………………………… 1
　一、说明 ………………………………………………………………… 1
　二、应试指导 …………………………………………………………… 3
　三、训练 ………………………………………………………………… 21
　听力理解训练材料原文 ………………………………………………… 26
　听力理解训练参考答案 ………………………………………………… 36
第二项　语法结构 ……………………………………………………… 37
　一、说明 ………………………………………………………………… 37
　二、应试指导 …………………………………………………………… 38
　三、训练 ………………………………………………………………… 54
　语法结构训练参考答案 ………………………………………………… 84
第三项　阅读理解 ……………………………………………………… 86
　一、说明 ………………………………………………………………… 86
　二、应试指导 …………………………………………………………… 89
　三、训练 ………………………………………………………………… 102
　阅读理解训练参考答案 ………………………………………………… 112
第四项　综合填空 ……………………………………………………… 113
　一、说明 ………………………………………………………………… 113
　二、应试指导 …………………………………………………………… 116
　三、训练 ………………………………………………………………… 132
　综合填空训练参考答案 ………………………………………………… 140
模拟试题 …………………………………………………………………… 141
　模拟试题 ………………………………………………………………… 141
　模拟试题听力理解材料原文 …………………………………………… 173
　模拟试题答案 …………………………………………………………… 186

# 第一项 听力理解

## 一、说 明

"听力理解"这一项共 50 道试题,约 35 分钟完成。它由三个部分组成。

第一部分 1 至 15 题,这部分都是第一个人说一句话,第二个人根据这句话提一个问题。如果是男声说话,就是女声提问;如果是女声说话,就是男声提问。

第二部分 16 至 35 题,这部分都是两个人的简短对话,第三个人根据对话提出一个问题。如果对话中是男声最后说话,一般是女声提问;如果对话中是女声最后说话,一般是男声提问。

第三部分 36 至 50 题,这部分分成几段,有两个人的对话,一个人的叙述、新闻报道、小故事等几种形式,每段话的后面有若干个问题提出,每次考试可能包含其中的两三种形式,但以两个人的对话为主。不管是哪一种形式,如果听到的话是以男声结束,一般是女声提问;如果听到的话是以女声结束,一般是男声提问。

听力理解对于参加考试的人来说,是整个考试中比较难的一项,主要原因有四个。

一是录音中说话人的语速比较快。许多参加考试的人在学习汉语的过程中听惯了较慢的教学语速,对考试录音中说话人的正常语速不太适应,常常顾此失彼,听了个别的词语来不及听整句,听了上句来不及听下句,造成精神紧张,不能从容镇静地答题。

二是考试录音只放一遍,不再重复。许多参加考试的人在学习汉语的过程中作听力理解练习时,常常可以反复多次地听,他们不太容易适应这种限制。与 HSK 其他部分试题比较,答其他部分试题在规定时间内可以反复看题,而答听力理解试题时没有再听第二遍的机会,如果没有听清楚、听明白,就失去了做出判断和选择的依据。

三是试题的每一个问题后面只留有15至20秒的空余时间供参加考试的人答题。在有限的时间内既不容许他们多看试题答案的选择项,也不容许他们多想听到的内容和问题,而几乎要立即做出判断和选择。与答HSK其他部分试题比较,参加考试的人紧迫感更强,精神压力更大。

四是听力理解在HSK中是第一部分,在参加考试者的心理变化过程中,居于调整期,而不是适应期。在此期间,参加考试者的心理紧张程度较高,波动较大,按照一般的应试心理规律,参加考试者在考试开始前心理紧张程度呈上升趋势,在考试开始时达到顶点,在考试开始后呈下降趋势,得到调整后逐渐放松、稳定、适应,并保持在适度的紧张范围内。前面所说的三个原因不利于参加考试者的心理调整,不利于缓解他们的心理压力,客观上对他们正常水平的发挥有一定的影响。

要想比较顺利地通过HSK听力理解考试,考出自己的真实水平,取得比较理想的成绩,必须认真、充分地做好准备。应试的准备可以分为三个方面。

首先是通过努力学习和不断积累,做好语言知识和能力方面的准备。

没有经过一个较长时期(至少半年以上)的学习,没有经过汉语听力方面(专门的听力课)的基本训练,听懂答对大部分HSK听力理解试题的可能性是极小的。所以,我们的忠告是:不要急于求成,不要过早地参加考试,而应该在平时认真学习汉语语法、词汇,在掌握了基本语法、常用词汇的基础上,在提高自己汉语阅读能力的同时,用各种方法多做听力练习。如果你已经完全掌握了HSK(初、中等)大纲中的甲、乙级词汇,掌握了绝大多数的丙级词汇;如果你已经反复听过数百句(大概是在500句以上吧)简单的句子和结构复杂一些的长句,听过上百段不同情景中的对话,还听过几十篇两百字左右到三四百字的短文;如果你觉得你已经可以大致听懂这些对话了,也能听懂这些短文的大部分内容了,它们的语速是比较接近正常说话的语速而不是为了教学需要特意放慢的语速,那么,你听懂答对大部分的HSK听力理解试题就不会是毫无把握了。你可以试一试参加考试了。

其次是通过大量的练习,熟悉、掌握各种听力技能和基本的答题技巧,做好应试能力方面的准备。

所谓大量的练习,包括两个方面的练习,要分别达到两个目的。一是经过有教师指导的听力课的课堂练习,或者自选各种配有录音磁带的听力课本的自学练习，达到熟悉和掌握各种听力技能的目的。各种听力技能的综合运用，是顺利解答 HSK 听力理解试题的保证。二是经过对 HSK 样题的仔细阅读、分析和试答，达到熟悉、掌握一些基本有效的答题技巧的目的。我们将在后面对 HSK 的一些答题技巧作简要的介绍。

最后还须做好应试心理方面的准备。

最好的应试心理准备是提高应试能力，是做好前两方面的准备。这样，才能减轻考前的心理压力，从容地面对考试。同时，对 HSK 听力理解试题的难度（这儿是指自己主观感觉的难度）要有充分的估计，对自己的听力水平要有客观的留有余地的认识。这样，才能在发现试题难度明显大于自己的听力水平时，不急不躁，保持冷静的头脑和稳定的情绪，正常地发挥出自己的水平。另外，对 HSK 的各种模拟题、仿真题不要过于相信，不要认为它们与正式的考题在语句结构、段落安排、情景内容、录音语速等方面基本相同或相差不大（实际上，许多这类习题与正式试题的差别很大）。这样，才能排除考前练习做这类题时，因成绩过高或过低而可能产生的错觉的干扰，在考试过程中保持良好的心态，比较快地适应完全陌生的试题内容。

## 二、应 试 指 导

### （一）先浏览，再准备听第一题

在录音讲完有关的注意事项后，我们按照指示撕开密封的考卷，这时候，考试的听力理解部分就正式开始了。录音会以解答一道例题的方法来告诉我们第一部分考题的形式、如何选择答案并在答卷上答题等。对参加考试者来说，这个过程是一段极其宝贵的富余时间。因为，录音讲述的这些内容我们可以在考前了解和熟记，不必再仔细听了。我们必须充分利用这段时间做两件事情。

第一件事，是以最快的速度浏览一遍试卷的听力理解部分，注意一下在各题四个选择答案中有没有陌生词语和不理解其意思的选择答案，在心中快速地猜想一下它们的意思，如果陌生词语和不理解其意思的选择答案很少，自然会增强我们的信心；如果相反，也不必紧张，我们要相信自己还有别的方法补救。

第二件事，是在浏览的同时稍微注意一下录音讲述例题的进度，到例题快要讲完,正式的试题录音即将开始时,马上停止浏览,把目光放到第一题的选择答案上,尽快弄懂各项答案的意思,做好听第一道题的准备。这两件事,在听力理解的第二、第三部分也同样是我们必须做的。

### (二) 合理分配答题时间,每题必答

试题的每一个问题后面都留有15秒至20秒的答题时间。我们必须对这短短的时间作适当的分配。争取用一半或三分之一的时间完成选择,在答卷的答案上画一横道;用其余一半或三分之二的时间看下一道题的选择答案,尽快弄懂各项答案的意思,做好听下一道题的准备。要在平时训练中养成习惯,在考试时坚持这样的时间分配。

如果没有听清楚或听懂考题内容,或者来不及思考、答题,或者无法判断正确答案(这类情况很可能出现),那么,不要多花时间回想,不要犹豫,立即任选一个答案并在答卷的答案上画一横道,留出时间作听下一道题的准备。这样做的好处:一是不至于因一道题没答好而影响下一道题,陷入越听越慌的恶性循环之中;二是还有25%的答对题的可能,如果不选,这道题就100%的错了。

### (三) 巧用时间

HSK的书面材料有两种:一种是试卷,一种是答卷。按照考试要求,当你在试卷上某道题的四个答案中选出你认为是正确的答案之后,必须立即在答卷上找到对应的题号,在代表正确答案的字母上画一条横道,横道一定要画得粗一些,重一些,把括号画满。选用较软一些的2B型号的铅笔,可以使你比较容易画得粗,比较快地画满括号。但是这样做每道题画横道仍要花费一秒多或两秒多的时间。因此,我们建议你在代表正确答案的字母上只画一道线,这样所花时间不到半秒,可以节省一到两秒宝贵的时间用于准备答下一道题。

然后,记住:在答HSK语法结构部分的试题前,把答卷上听力理解部分中你画过线的所有答案再画一遍。这一次,横道一定要画得粗一些,重一些,把括号画满。这样集中再画一遍,所需时间约半分钟左右,并不影响你解答语法结构部分的试题。

### (四) 从答案选择项猜测内容,猜测问什么

要熟悉答案与内容、问题的一般关系,在听每一道试题前预先猜测

内容和提出的问题。因为每一道试题的四个选择答案（也叫"选择项"）都给我们提供了一定的信息，可以帮助我们判断即将听到的话语是关于哪一方面的，可能涉及什么具体内容；可以帮助我们听懂一些语句的意思；也可以帮助我们判断提出的问题可能是什么类型的，最可能问什么。我们如果充分利用了这些信息，就能更加从容、更加准确、更加迅速地答题。

答案与内容、问题的一般关系举例如下：

| 答　　案 | 内容与问题 |
| --- | --- |
| 1. A. 12:00<br>　 B. 2:10<br>　 C. 3:30<br>　 D. 6:50 | 内容一定涉及时间<br>问题一定是问时间 |
| 2. A. 20岁<br>　 B. 50岁<br>　 C. 40岁<br>　 D. 30岁 | 内容一定涉及年龄<br>问题一定是问年龄 |
| 3. A. 12人<br>　 B. 50人<br>　 C. 26人<br>　 D. 62人 | 内容一定涉及人数<br>问题一定是问人数 |
| 4. A. 3月<br>　 B. 12月底<br>　 C. 8月初<br>　 D. 明年2月 | 内容一定涉及日期<br>问题一定是问日期 |
| 5. A. 260元<br>　 B. 40%<br>　 C. 55元<br>　 D. 120元 | 内容一定涉及钱数<br>问题一定与钱数有关 |
| 6. A. 雨小了<br>　 B. 天黑了<br>　 C. 雨停了<br>　 D. 快下雨了 | 内容一定涉及天气情况<br>问题一定与天气、下雨有关 |
| 7. A. 警察<br>　 B. 售货员 | 内容一定涉及身份或职业 |

    C. 司机                            问题很可能问人物身份、职业
    D. 海关人员

8. A. 洗碗
    B. 炒菜                           内容一定涉及日常生活、家务
    C. 做饭                           问题一定与家务劳动有关
    D. 买菜

9. A. 她的小说让他不舒服
    B. 他从来不看她的小说          内容一定涉及日常生活
    C. 他不习惯饭前看小说          问题很可能与看小说有关,也可能
    D. 他饿了一天,不能再看小说   与吃饭有关

10. A. 毛衣
     B. 裤子                         内容可能涉及衣物的买、取、处理
     C. 皮鞋                         等
     D. 衬衣                         问题一定与此有关

11. A. 睡觉
     B. 看病                         内容一定是日常生活
     C. 学习                         问题一定与行为、动作有关
     D. 吃饭

12. A. 命令
     B. 猜测                         内容一定涉及态度、语气
     C. 请求                         问题很可能是问语气
     D. 遗憾

13. A. 上海
     B. 昆明                         内容一定涉及地方、地名
     C. 广州                         问题一定是问地方、地名
     D. 长沙

14. A. 邻居
     B. 朋友                         内容一定涉及人物关系
     C. 家人                         问题很可能问人或人物关系
     D. 同学

15. A. 王芳
     B. 马明                         内容可能是日常生活
     C. 林达                         问题很可能问人名或做事者

  D. 不知是谁
16. A. 在学法语
  B. 学过日语         内容一定与学语言有关
  C. 想学俄语         可能问某人与某种语言的关系
  D. 不学德语
17. A. 足球
  B. 排球          内容一定与球类运动有关
  C. 乒乓球          可能问爱好或进行的球类活动
  D. 篮球
18. A. 床边
  B. 窗户边          内容可能涉及人物位置、家具布
  C. 门后           置、物件摆放
  D. 屋外           问题一定是问人或物品的位置
19. A. 式样
  B. 价格          内容很可能与购物有关
  C. 尺寸          很可能问影响购物的因素
  D. 质量
20. A. 还听不大懂
  B. 没注意音乐        内容很可能与听、看节目有关
  C. 全都能看懂        很可能问能否听懂或看懂
  D. 没能看明白
21. A. 公交车
  B. 出租车          内容很可能与交通或出行有关
  C. 自行车          可能问出行方式
  D. 摩托车
22. A. 60公里
  B. 3个小时         内容很可能涉及距离或速度
  C. 50分钟          很可能问距离、速度或用时
  D. 90公里

## （五）作简单的记录，帮助记忆和寻找线索

  试题的很多内容与时间、数字、物品、地名、人名、人物关系有关，提出的问题常常问的就是这些。如问飞机航班的起飞地、到达地、起飞时

间、到达时间、航行时间等。在听试题内容时,这些都要尽可能用铅笔记一记。如果试题内容是一则事件或新闻报道,一定会提到发生的时间、地点、有关的数字、涉及的人物及人物关系、也会提到原因、过程、结果、涉及者的观点等等。事件或新闻报道是有简单情节的,我们容易听懂,但在极短时间内听到的东西不容易都记住。把我们认为重要的或可能有用的人名、地名、物名、时间、数字、原因、过程、结果、观点、结论等简单快速地记一记,可以帮助我们把听过的情节串联起来,寻找出答题的线索,或者直接用于答题。

作记录的原则是快速、简明。应该用自己惯用的符号、代号或简写方法。为了节省时间,要尽可能利用答案的四个选择项,它们为我们提供了足够多的有用信息。有相当多的答案,试题的有关内容直接在选择项中出现,一般是四个选择项中可能有三个反映试题内容。我们听到与选择项相同、相反或有联系的试题内容时,应直接在选择项旁用√、×、—、○、!、? 等符号作记录。

例如:

**1. 时间**

听力理解第一部分的试题:

女:由上海开往厦门的175次列车将晚点45分钟,于11点15分到达厦门车站。

男:列车正点该什么时候到达厦门?

A. 45分钟　　　　　B. 15分钟
C. 10点30分　　　D. 11点15分　　　　　（C）

这里我们听到的晚点45分钟、11点15分到达都是该记录的。把11点15分减去45分钟,你就能选出正确答案C来。

**2. 日期、数字**

听力理解第三部分试题的对话:

男:开办这个工厂是成功的。1993年6月,第一种产品设计成功,不久就投入生产。到1995年10月,工厂生产的产品品种达到15种,到1997年年底,更进一步增加到32种,产品质量也不断提高,不但满足了国内市场的需求,还能向国外出口。

女:第一种产品是什么时候设计成功的?

A. 1993年6月　　　B. 1995年4月
C. 1995年10月　　D. 1997年年底　　　　（A）

女:1997年年底,工厂生产的产品有多少种?

A. 15 种      B. 32 种
C. 45 种      D. 47 种      （B）

这里我们听到的三个日期和两个数字都是该记录的。根据第一个问题，你就能选出正确答案 A 来。根据第二个问题，你就能选出正确答案 B 来。

**3. 日期、地名**

听力理解第一部分的试题：

  男：代表团将于 4 月 23 日启程，沿途访问南京、长沙和武汉，到达成都的时间是 5 月 6 日星期一。
  女：代表团沿途不访问哪个城市？

A. 南京      B. 重庆
C. 长沙      D. 武汉      （B）

这里我们听到的日期和城市名都是该记录的。根据问题，你就能选出正确答案 B 来。

**4. 人物、事情**

听力理解第三部分试题的对话：

  女：小曹，你干什么去呀？这么着急。
  男：小陈的好朋友来了，他们有好几年没见了，可把他乐坏了。他让我替他买些点心、水果什么的，好招待朋友，我当然得赶快去办啦。
  女：那一会儿开会他还去不去了？
  男：不去了。我也不去了。他已经托小吴替我们俩请假了。
  女：小曹急着去干什么？

A. 请假      B. 开会
C. 买东西      D. 招待朋友      （C）

  女：小陈托小吴做什么事？

A. 招待好朋友      B. 买点心水果
C. 替他们开会      D. 替他们请假      （D）

这里我们听到的人名和三件事：小陈朋友来了、小曹去买东西、托小吴请假，要用简明的方法记录一下。这样，你就能选出第一个问题的正确答案 C 和第二个问题的正确答案 D 来。

**5. 人物身份、涉及事情、观点**

听力理解第三部分的试题：

  女：对于一位还在大学读三年级的年轻姑娘来说，一夜成名是什么滋味？赵薇说，那让我经历了许多过去没有经历过的事情，可那些事情并非都很好。说这话的时候，她的照片正频频出现在许多杂志的封面上，一切都是从她在一部叫做"还珠格格"的电视剧中出演女主角开始的。

这些"并非很好"的事情，包括一些电视台想方设法请她去当节目主持人。邀请者的目的很明确，想借赵薇的名声扩大自己的影响。但赵薇说："我很少答应他们。我喜欢平静一点的生活，时刻想着做好一名普通的大学生，这是我的基本原则。"她承认，身处一夜成名造成的新境况，她不得不去学习更多的东西。然而自己遇到更多的仍然是每一个同龄人都会遇到的问题。

明年就要毕业了，谈到未来的工作，她说："我对将来到什么单位去不是很关心，重要的是自己能够做什么。我想做最少的事情，但一定要做得最好。"

男：赵薇是什么人？
A. 大学三年级学生　　　　B. 电视剧中的人物
C. 电视节目主持人　　　　D. 大学刚毕业的人　　　　　（A）

男：赵薇出名的原因是什么？
A. 经历了许多没经历过的事
B. 许多杂志封面有她的照片
C. 出演一部电视剧的女主角
D. 电视台请她当节目主持人　　　　　　　　　　　　（C）

男：赵薇对工作的想法是什么？
A. 将来到关心人的单位去
B. 想做得最少但做得最好
C. 不知道自己能够做什么
D. 很关心将来去什么单位　　　　　　　　　　　　　（B）

我们如果听清楚"还在大学读三年级的年轻姑娘"、"明年就要毕业了"，用自己的简明的方法记录一下"大三"、"明年毕业"，或者直接在第一题的答案 A 旁做个记号，就能选出第一个问题的正确答案 A。如果听清楚"一切都是从她在一部叫做'还珠格格'的电视剧中出演女主角开始的"，用自己的简明方法记录一下"在电视剧演女主角"，或者直接在第二题的答案 C 旁做个记号，同时也大致听清楚了"说这话时她的照片正出现在许多杂志的封面上、电视台想请她当节目主持人"就能排除其他选择项的干扰，选出第二个问题的正确答案 C。如果听清楚最后一段话，能用自己的方法简要地把"什么单位不很关心，能做什么重要"和"想做最少最好"记录下来，或者直接在第三题的答案 B 上做个记号，就能选出第三个问题的正确答案 B。

## （六）抓关键的词语和关键的句子

在一句话或一段对话中，有些词语、句子对你答题很重要，这些重要的关键的词、句听不懂就无法回答问题。而有一些词语和句子跟问题的关系不太大，这部分听不懂没多大关系。例如听力理解第二部分试题的对话：

男：你说送点什么？
女：住院病人，送点补品吧。
男：他们要去干什么？
A. 邀请客人　　　　　B. 帮助别人
C. 看望病人　　　　　D. 告别主人　　　　　（C）

这里一定要听懂"住院病人"、"送（东西）"。这是关键词语，听懂了，你就会选择 C。至于究竟送什么（补品还是水果、鲜花）听不懂也无所谓。又如：

女：芳芳她怎么了？你快说呀！
男：芳芳放学以后，在校门口等你去接，她等不着你，就自己跑回来，在马路上被汽车撞着了。
女：从男的话中我们可以知道什么？
A. 芳芳去校门口接你了
B. 芳芳已经放学回来了
C. 芳芳放学后上汽车走了
D. 芳芳在校门口被车撞了　　　　　（D）

这里芳芳"在马路上被汽车撞着了"是关键的句子，听懂了这句，你就会选择 D "芳芳在校门口被车撞了"。至于"等你去接"，"她等不着你"等等可以跳过去。试题中一般的对话有男、女先后说的两句话，大多数关键的句子在第二句话。当然也有例外，例如：

女：探视的时间已经过了。你的朋友刚做了手术，他需要好好休息。
男：对不起。
女：这段对话最可能发生在什么地方？

A. 学校食堂　　　　B. 医院病房
C. 候车室　　　　　D. 图书馆　　　　　　　　　（B）

这段对话你应听懂"探视时间"、"做手术"，它们是关键词语，只要听懂了其中的一个，你就会选择B"医院病房"，而"对不起"这样的话就完全与答题没关系。

### （七）越过障碍

听力理解试题中必定会出现一些我们从未接触过的陌生词语，也必定会出现一些我们似曾相识但已经想不起来是否学过的词语。这虽然是个难点，会影响我们听懂试题、选择答案，但并不可怕，值得担心的是我们因此而紧张、慌乱，或者陷入误区，一再回想，白白地消耗时间，耽误了下面听题和选择，造成更多、更大的损失。所以，必须学会越过障碍。

首先是越过心理障碍。要有遭遇陌生词语的心理准备，即使陌生词语多也不必紧张、慌乱。要明白，情绪紧张有害无益；情绪稳定有益无害。这也可以说是越过一个心理障碍。

其次是越过思维定势的障碍。听题时不要回想，已经过去的，让它过去。遇到完全听不懂的陌生词语不要回想；遇到似曾相识但实际上没听懂的词语也不要回想。要明白，听不懂的词、句如果不能再听几遍，再多想也是没用的；即使再听，也不一定就能听懂。应该集中注意力听完整个句子和整段话语。我们在一般情况下听人说话时，常常反复思索以求听清听懂。考试时，必须去除这个习惯，这也可以说是越过一个思维定势的障碍。

最后是越过具体词语的障碍。在听一句话时，要很快思索、判断一下整个句子的意思，或许我们听到的陌生词语根本就无关紧要，不影响我们理解整句话的意思，而只是出题者故意为我们设置的干扰性障碍。例如：

听力理解第一部分的试题：

女：妈妈把七岁的儿子哄上了床，等到他闭上了眼，才开灯看起书来。

男：这件事最可能发生在什么时候？

A. 早晨　　　　　　B. 上午
C. 下午　　　　　　D. 晚上　　　　　　　　　（D）

这里我们听到的"哄"字是常用词汇中的丁级词。我们很可能因为没有学过而感到陌生,但是它不影响我们理解整句话的意思。我们听清了"上了床"、"闭上了眼"就能想到这是睡觉,再听清了"开灯",就能判断出时间最可能是在晚上,所以选出正确答案 D 来。至于"哄上了床",也就是究竟怎么样上了床,就不必去多想了。

或许原来听不懂的陌生词语或似曾相识的词语在一句话中不太容易理解,但在一段话或一段对话中却可以理解。而只要听懂了整段话或整段对话的意思,它就不再是个障碍。例如:

听力理解第二部分的试题:

男:许多人都觉得在这儿从早干到晚太累了。
女:可是小王却干得挺带劲儿。
男:女的在说小王的什么?

A. 工作地点　　　　B. 工作时间
C. 工作态度　　　　D. 工作条件　　　　（C）

"带劲儿"是常用词汇中的丁级词,属于口语词,我们很可能因为没有学过而感到陌生。如果单独听女的说"可是小王却干得挺带劲儿"这句话,也许不太好懂。但是,男的说"许多人都觉得在这儿从早干到晚太累了"这句话,是容易听懂的。女的用表示转折语气的连词"可是"和副词"却",说明小王的想法或做法与男的说的"许多人"的"觉得"相反;在动词"干"+"得"后面的"挺带劲儿"一定是说明动作行为的状态、程度的补语,意思与"觉得太累了"相反。在四个选择项中,只有 C"工作态度"与我们的理解最接近。所以,我们即使不理解"带劲儿"这个词语的原意,也能越过这个障碍,选出正确答案 C 来。

要多进行模拟练习才能形成越过障碍的良好习惯。如果我们能越过心理障碍和思维定势的障碍,再比较顺利地越过词语的障碍,就能使听题答题的过程流畅地进行下去了。

## （八）注意考试重点

### 1. 搞清楚人物关系

听题时要注意搞清楚人物关系,特别是在对话中,搞不清对话人之间的关系,很多话就较难理解甚至无法理解,常见的人物关系有:

（A）夫妻（包括恋人）。例如:

女:你在家做饭吧。我去商场看看有什么好看的毛线买点
　　儿。我想给小孙女织一件毛衣。

男：行。别忘了再给我买条裤子。要是钱够,再给我买件衬衣。

(B) 长辈小辈(以父母和子女为主)。例如：

女：爸爸,你喜欢说谎的孩子吗？

男：当然不喜欢,我喜欢诚实的孩子。

(C) 兄弟姐妹。例如：

女：姐姐,你快别说了,的确是我不好。

(D) 朋友。例如：

女：你在家干活吗？会做饭吗？

男：会呀。我还会烧菜呢。

(E) 同学。例如：

女：今晚的舞会你来吗？

男：不一定。

女：你来吧。咱们班同学都参加的。

男：那好。

(F) 同事。例如：

男：老牟呀,这工作本来应该由我去作,却让你辛苦了。真抱歉！

(G) 上下级。例如：

女：昨天的事您都知道了？

男：知道。不然我这个书记不就白当了？

(H) 邻居。例如：

男：大妈,孩子们都走了？

女：都走了。

男：甭担心。有什么家务事尽管说。大家都会帮你的。

(I) 生意上的伙伴、搭档等。例如：

男：我也看透了。咱俩合作不是那么回事。我当初错走了这步棋。

女：那,请便。

(J) 服务关系(常见的有：顾客和营业员、服务员、司机等,病人及家属和医生、护士等,有关的管理人员或国家公务员与一般群众等)。例如：

医生与病人：

男：你怎么了？

女：头疼、发烧,睡不好觉,不想吃东西。大夫,是不是感冒了？

顾客与饭店服务员：

男：你们这儿什么菜有名？

女：我们这儿北京烤鸭最有名。

乘客与出租车司机：

男：您上哪儿？

女：先去友谊饭店，还有个朋友要上车，然后去机场。

旅客与列车乘务员：

女：什么时候能到杭州？停多长时间？

男：晚上9点10分到。停车8分钟。

**2. 熟悉常用的称呼、姓名和职业、职务名称**

听力理解试题中必定会出现一些称呼和人名，也可能会出现一些职业、职务名称。应该对中国人习惯使用的一些称呼和人数较多的姓有一个大致的了解，对一些职业、职务名称有一个大致的了解。熟悉了这些常用的词语，能从句子、对话、短文中识别出称呼、人名、职业或职务名称等，对听懂试题、选对答案大有帮助。常用的称呼、姓名和职业、职务名称包括以下几个方面：

（A）亲友称呼。例如：

亲属称谓，老、小、大、阿等词头，单名重叠等表示亲热的形式。

（B）社交称呼。例如：

同志、师傅、先生、小姐、大哥、大妈、老人家、老乡、小朋友等。

（C）一些常用名词。例如：

爱人、同窗、男朋友、女朋友、老乡、知己、伙伴、搭档、病号等。

（D）职业名称。例如：

大夫、工程师、演员、播音员、运动员、教练、导游、记者、法官、交通警等。

（E）职务名称。例如：

部长、市长、书记、主任、校长、教授、经理、厂长、站长、秘书、老板等。

（F）人数较多的姓。例如：

王、张、李、陈、刘、林等。

（G）常用的人名用字。例如：

男性常用的有刚、强、华、国、伟、东、文、民等；女性常用的有英、芳、玉、花、兰、玲、秀、珍等。

### 3. 熟悉常用的生活词语和行业名词

听力理解试题的内容主要是日常生活，所以有许多生活常用词语和有关的行业常用名词。熟悉并牢记这些常用的词语，能使我们更容易听清楚句子、对话和短文中提到的场所、情景和具体的行为方式、活动内容，这对我们听懂试题、选对答案大有帮助。有关的行业常用名词和生活常用词语主要包括以下几个方面：

(A) 旅行：场所——机场、火车站、码头、海关、银行、宾馆、邮局、售票处、街道等。

　　　　　行为——出入境、问讯、登记、住宿、通讯、兑换、问天气等。

(B) 交通：方式——出租车、公共汽车、电车、地铁、飞机、火车、轮船等。

　　　　　行为——问讯、问路、乘坐、购票、付费等。

(C) 购物：场所——百货店、食品店、服装店、书店、电器店、超市、自由市场、农贸市场、花店、礼品店等。

　　　　　行为——问价、挑选（数量、质量、种类、式样、尺寸）、付款等。

(D) 餐饮：场所——饭店、咖啡馆、茶馆、酒吧等。

　　　　　种类——小吃、快餐、中餐、西餐、自助餐、盒饭、饮料等。

　　　　　行为——点菜、付账等。

(E) 生活：场所——住所、理发店、洗衣店、修理铺等。

　　　　　行为——访问、请客、做客、清扫、理发、洗衣、修理生活用品等。

(F) 学习：场所——学校、教室、考场、宿舍等。

　　　　　行为——上课、自学、辅导、做作业、实习、参加考试、请教等。

(G) 文化：场所——影剧院、博物馆、图书馆、公园、动物园、文化宫、少年宫等。

　　　　　行为——看电影、看电视、看艺术表演、听广播、阅览、游览参观等。

(H) 体育：场所——体育场馆、游泳池、保龄球馆等。

　　　　　行为——参赛、观赛、锻炼、做操打拳等。

(I) 娱乐：场所——游乐场、歌舞厅、影剧院、活动室等。

　　　　　行为——聚会、联欢、跳舞、唱歌、下棋、打牌等。

(J) 医疗：场所——医院、门诊部、病房、药店等。

　　　　　行为——看病、体检、服药、探望病人、卫生保健等。

**4. 熟悉常用的地理名词**

听力理解试题中常会出现一些地理名词,无论是学习汉语还是参加考试,都应该对中国地理情况有一个大致的了解。熟悉了常用的中国地理名词,能从句子、对话、短文中识别出地名、路名、河流山脉名等,对顺利答题是会大有帮助的。常用的中国地理名词包括以下几个方面。

(A) 主要城市的名称。包括四个直辖市(首都北京及天津、上海、重庆)、各省或自治区的省会或首府、一些著名的历史文化名城、一些经济发达的沿海城市等。

(B) 各省、自治区的名称。中国有4个直辖市、23个省(包括台湾省)、5个自治区和香港、澳门2个特别行政区。

(C) 大区名称。一般分为东北、华北、西北、华东、中南、西南等地区。

(D) 主要航空线、铁路线名称。例如:

京广铁路、京九铁路等。

(E) 主要的河流、山脉名称。例如:

长江、黄河、珠江、大运河、泰山、黄山、秦岭等。

(F) 北京市主要景点的名称。例如:

天安门广场、八达岭(长城)、颐和园、故宫(博物院)、天坛等。

此外,还要了解汉语方位词语的习惯排列顺序:

东、南、西、北

东、西、南、北、中

东北、西北、东南、西南

东北、东南、西北、西南

上、下、左、右

前、后、左、右

**5. 熟悉语气、语调,知道说话人的心情、态度**

熟悉语气、语调有两个作用:一是听力理解第一部分的试题常有"说话人是什么口气?"这类的问题,熟悉各种不同的语气、语调,准确判断说话人的心情、态度,可以直接选出正确答案。二是听力理解第二、三部分的试题以对话为多,对话者在不同语境、情景中说话有不同的语气,表达不同的心情和态度。有时候,说话者想表达的意思是间接说出来而不是直接说出来的,听清说话者的语气,判断说话者的心情、态度,可以帮助我们正确理解对话内容和隐含的意义,选对答案。

我们可以把语气分为不一定与他人交流的心情类和必定与他人交流的态度类两类:

心情类语气主要有：

(A) 喜欢。例如：

　　果然是这辆新车好，骑着特别轻松省力。

(B) 生气。例如：

　　你怎么搞的？也不跟我说一下，把我的安排全打乱了！

(C) 发愁。例如：

　　我答应她不好，不答应她也不好，真是左右为难。

(D) 不满。例如：

　　你呀，怎么能这样对待关心你的朋友？

要注意不满与生气在情绪上有程度的差别。生气时，语调较短促，用词较强硬。

(E) 惊奇。例如：

　　我真不敢相信自己的眼睛，都过了二十几年了，又在这儿看到它。

(F) 着急。例如：

　　都过了20分钟了，车怎么还不来？

(G) 担心。例如：

　　要是他们赶不上今晚的火车，那可怎么办？

(H) 怀疑。例如：

　　奇怪，他真的不知道昨天发生的事吗？

要注意怀疑与惊奇的区别。惊奇是因为没有想到，怀疑是不相信。

(I) 希望。例如：

　　大家都想跟小赵见个面，今晚的聚会他能来吗？

(J) 害怕。例如：

　　哎呀，他过来了，快找个地方躲一躲吧。

(K) 猜测。例如：

　　好像又有汽车声音，会不会是小陈他们回来了？

态度类语气主要有：

(A) 命令。例如：

　　你马上就去他那儿，给他赔礼道歉。

(B) 安慰。例如：

　　别再想那件事了。人嘛，谁都会有错。

(C) 劝解。例如：

好了,算了算了。一时半刻的也争不清楚,以后看结果吧。

(D) 请求。例如:

我也很想去那儿看看。你们能让我一起去吗?

要注意请求与命令的区别。请求的语调平缓,是希望听话者接受;命令的语调强硬,认为听话者必须做到。

(E) 商量。例如:

我们争取在上半年把这本书学完,大家看行吗?

(F) 建议。例如:

星期六下午大家都没事,我们星期六下午去怎么样?

要注意建议与商量的区别。建议是提出自己的主张,商量是跟别人交换意见或看法。

(G) 反对。例如:

我觉得不是那么回事,你们别信他的话。

(H) 责问。例如:

你自己做的事,能这么快就忘了吗?

(I) 问候。例如:

好久没见她了,她最近怎么样?身体好些了吗?

(J) 拒绝。例如:

我不了解这方面的情况,你们还是另找别人吧。

要注意拒绝与反对的区别。拒绝是不接受,反对是不同意。

(K) 打听。例如:

听说下星期要去参观工厂,是什么厂知道吗?

要注意打听与问候的区别。打听是想了解不清楚的事情,问候是表示关心。

(L) 辩解。例如:

不是我不理他,实在是太忙了,没有时间给他打电话。

(M) 同意。例如:

好吧,你说那个饭店好,我们就去那个饭店吃吧。

(N) 道歉。例如:

都是我的错。最近太忙,没及时跟你联系,你别生气。

(O) 谦让。例如:

我够了。你的个子大,胃口也大,你就把它吃了吧。

**6. 熟悉一些流行词语、惯用语、常用的俗语和带北京地方色彩的词语**

　　这些词语可能会偶尔出现在听力理解的第二、第三部分试题中。虽然是个别的现象，但如果我们有足够的应试准备时间，最好也能学一些。熟悉一些这类词语对我们更顺利地通过考试也是有好处的。这类词语数量很多，我们在平时的学习中常会遇到，略加注意就行了，不必特意地集中地学。以下是一些例子：

　　希望工程、菜篮子工程、下岗、打的、打交道、背包袱、碰钉子、老掉牙了、没准儿、不认账、请便、走着瞧、怎么着、侃、甭、孬、世上无难事、一口吃不成胖子、把丑话说在前头、睁一只眼闭一只眼、把人看扁了、把他美的、哪儿跟哪儿呀、我们那口子、小皇帝、第三者、过来人、哥们儿等。

**7. 熟悉听力理解三个部分试题可能提出的问题**

　　听力理解三个部分的试题有些问题出现的次数可能相对多一些。从样题看，考试时可能提出的问题如下：

　　（A）说话人是什么意思？

　　（B）这句话是什么意思？

　　（C）男的是什么意思？／女的是什么意思？

　　（D）这句话是什么口气？

　　（E）男的是什么口气？／女的是什么口气？

　　（F）关于男的我们可以知道什么？／关于女的我们可以知道什么？

　　（G）说话人是干什么的？／问话人是干什么的？／答话人是干什么的？

　　（H）他们最可能是什么关系？

　　（I）谈话可能在哪儿进行？

　　（J）这句话告诉我们什么？／这段话告诉我们什么？

　　（K）这句话主要说了些什么？／这段话主要说了些什么？

　　（L）说话人对这个问题的态度怎么样？

　　（M）你怎么理解这段话？／你怎么理解两个人的对话？

　　（N）哪一种理解正确？／哪一种理解不正确？

　　（O）哪一个答案正确？／哪一个答案不正确？

## 三、训 练

### （一）单句训练

1. A. 我支持你　　　　　　　　B. 我帮助你
   C. 我不理你　　　　　　　　D. 我担心你

2. A. 你着急他也着急　　　　　B. 你不必替他着急
   C. 是你使他着急的　　　　　D. 他正急着要找你

3. A. 你们不喜欢我们喜欢　　　B. 你们喜欢不喜欢我们
   C. 你们喜欢我们不喜欢　　　D. 你们喜欢我们也喜欢

4. A. 我是爱听民歌的　　　　　B. 我一般不听民歌
   C. 我爱听有歌词的音乐　　　D. 我不经常听音乐

5. A. 借车　　　　　　　　　　B. 买包子
   C. 买书　　　　　　　　　　D. 买报纸

6. A. 同学　　　　　　　　　　B. 乘客
   C. 司机　　　　　　　　　　D. 同事

7. A. 不满　　　　　　　　　　B. 怀疑
   C. 商量　　　　　　　　　　D. 担心

8. A. 三口人　　　　　　　　　B. 四口人
   C. 五口人　　　　　　　　　D. 六口人

9. A. 又苦又累又饿　　　　　　B. 饿死我也不干
   C. 我才不愿饿死　　　　　　D. 不干就会饿死

10. A. 一年 B. 一年半
    C. 两年 D. 两年半

11. A. 听音乐累了最好休息 B. 享受休息比听音乐好
    C. 听音乐是最好的休息 D. 听音乐最好别有响声

12. A. 劝说 B. 命令
    C. 惊奇 D. 生气

13. A. 好动画片人人爱看 B. 动画片是孩子看的
    C. 也有大人看动画片 D. 孩子喜欢看动画片

14. A. 父亲 B. 同事
    C. 妻子 D. 朋友

15. A. 他不做复杂手术是医术不高
    B. 他敢做复杂手术是医术高超
    C. 他医术不高也敢做复杂手术
    D. 他医术高却不敢做复杂手术

### （二）简短对话训练

16. A. 百货公司 B. 钟表公司
    C. 保险公司 D. 服装公司

17. A. 市中心 B. 商业区
    C. 农村 D. 市郊

18. A. 春天 B. 夏天
    C. 秋天 D. 冬天

19. A. 她根本就不吃早餐 B. 她早餐不吃牛奶面包
    C. 她喜欢早点儿吃饭 D. 她不知该吃些什么

20. A. 跑步　　　　　　　　　　B. 做操
　　C. 骑自行车　　　　　　　　D. 参加球赛

21. A. 今天来的人多　　　　　　B. 今天椅子多了
　　C. 今天没有下雨　　　　　　D. 今天雨特别大

22. A. 英英　　　　　　　　　　B. 亮亮
　　C. 小华　　　　　　　　　　D. 小芳

23. A. 中国人　　　　　　　　　B. 外国人
　　C. 南方人　　　　　　　　　D. 北方人

24. A. 生气　　　　　　　　　　B. 道歉
　　C. 同意　　　　　　　　　　D. 辩解

25. A. 考大学　　　　　　　　　B. 找工作
　　C. 逛商店　　　　　　　　　D. 找住房

26. A. 关心　　　　　　　　　　B. 夸奖
　　C. 打听　　　　　　　　　　D. 不信

27. A. 安慰　　　　　　　　　　B. 请求
　　C. 不满　　　　　　　　　　D. 商量

28. A. 赞同　　　　　　　　　　B. 疑问
　　C. 反对　　　　　　　　　　D. 不解

29. A. 坚持自己的选择　　　　　B. 批评男的带错路
　　C. 问谁能给她指路　　　　　D. 劝男的改正错误

30. A. 今后我说你们做　　　　　B. 你们的事我不管
　　C. 以后我少做少说　　　　　D. 我还是照老样子

## （三）较长对话和短文训练

31. A. 浪费粮食被父亲打的事
    B. 吃饭受父亲批评的事
    C. 破坏粮仓挨打的事
    D. 不吃饭挨骂的事

32. A. 他打儿子不会心疼  B. 儿子没吃饱他心疼
    C. 儿子多吃他很生气  D. 他不允许浪费粮食

33. A. 她对男的不相信  B. 她对男的很同情
    C. 她也有类似经历  D. 这事她问过别人

34. A. 考场并不禁止用电子词典
    B. 学外语必须勤查印刷词典
    C. 比一般印刷词典详细准确
    D. 容易给学生留下较深印象

35. A. 各国都禁止带词典进考场
    B. 电子词典妨碍学生的学习
    C. 有必要组织学生使用词典
    D. 学生平时可以用电子词典

36. A. 中学生爱用多功能的电子词典
    B. 电子词典是现代化的学习工具
    C. 对学生用电子词典有不同看法
    D. 可以改变一些传统的教育观念

37. A. 对读小说和散文有帮助
    B. 可成为著名的专家学者
    C. 能养成良好的阅读习惯
    D. 可以使普通人获得知识

38. A. 不把它当成一种调节和休息
    B. 与一些著名专家学者相同
    C. 感到寂寞和乏味就不读
    D. 没有固定的阅读形式

39. A. 编写质量高的词典      B. 可随便翻翻的词典
    C. 供查阅参考的词典      D. 表达方式多的词典

40. A. 130名                B. 80名
    C. 50名                 D. 25名

41. A. 匈牙利首都布达佩斯
    B. 奥林匹克运动会总部
    C. 国际体育记者协会
    D. 最佳运动员所在国

42. A. 5月12日              B. 6月26日
    C. 去年8月              D. 没有提到

43. A. 高考成绩不到录取分数线
    B. 小时候失去了两条胳膊
    C. 参加了各种读书活动
    D. 已经是一名小学教师

44. A. 1965年               B. 1978年
    C. 1983年               D. 1985年

45. A. 他对教过的学生很满意
    B. 他的学生都考进了大学
    C. 同学们经常帮他擦黑板
    D. 他讲课轮流用两块黑板

# 听力理解训练材料原文

## （一）单句训练

1. 考哪所学校都行。只要对你的发展有好处，你走到天边我也不管。
   问：这句话是什么意思？
   A. 我支持你　　　　　　　B. 我帮助你
   C. 我不理你　　　　　　　D. 我担心你

2. 这完全是他自己的事嘛。他本人都不着急，你急什么。
   问：这句话是什么意思？
   A. 你着急他也着急　　　　B. 你不必替他着急
   C. 是你使他着急的　　　　D. 他正急着要找你

3. 在你们那儿不受欢迎，在我们这儿可受欢迎了。
   问：这句话是什么意思？
   A. 你们不喜欢我们喜欢　　B. 你们喜欢不喜欢我们
   C. 你们喜欢我们不喜欢　　D. 你们喜欢我们也喜欢

4. 我一般不大爱听带有歌词的音乐，但是民歌除外。
   问：这句话是什么意思？
   A. 我是爱听民歌的　　　　B. 我一般不听民歌
   C. 我爱听有歌词的音乐　　D. 我不经常听音乐

5. 小黄，上街是去买书吧？我借给你车，你替我带份报纸回来，好吗？
   问：说话人想让小黄替他做什么事？
   A. 借车　　　　　　　　　B. 买包子
   C. 买书　　　　　　　　　D. 买报纸

6. 咱们不能再等了，坐出租车去吧，不然上班要迟到了。
   问：这话最可能是对谁说的？

A. 同学 B. 乘客
C. 司机 D. 同事

7. 你妹妹好不容易才回来一次,你工作再忙,也得回家跟她见上一面。这事还用得着我们当父母的提醒吗?
   问:说话人是什么口气?
   A. 不满 B. 怀疑
   C. 商量 D. 担心

8. 爸、妈,明天我去机场接您二位。哥哥和妹妹工作忙,走不开。我没告诉他俩。
   问:这个家庭有几口人?
   A. 三口人 B. 四口人
   C. 五口人 D. 六口人

9. 饿死就饿死,我才不干这又苦又累的活儿。
   问:这句话是什么意思?
   A. 又苦又累又饿 B. 饿死我也不干
   C. 我才不愿饿死 D. 不干就会饿死

10. 我已经学了两年了,小陈比我多学多半年,小吴比我少学半年。结果怎么样呢?真没想到,是小吴考得最好。
    问:小吴学了多长时间?
    A. 一年 B. 一年半
    C. 两年 D. 两年半

11. 你累了要休息的话,最好是听音乐,没比这更好的享受了。
    问:这句话是什么意思?
    A. 听音乐累了最好休息 B. 享受休息比听音乐好
    C. 听音乐是最好的休息 D. 听音乐最好别有响声

12. 我看,能让就让着点儿吧,何必把关系搞得那么紧张。你说呢?
    问:说话人是什么口气?

A. 劝说　　　　　　　　B. 命令
C. 惊奇　　　　　　　　D. 生气

13. 好的动画片不只是孩子喜欢看，大人也喜欢看。
    问：这句话是什么意思？
    A. 好动画片人人爱看　　B. 动画片是孩子看的
    C. 也有大人看动画片　　D. 孩子喜欢看动画片

14. 这次是和老王一起去，十多天就能回来。家里的事你多操点心，把老人和孩子照顾好。
    问：这话最可能是对谁说的？
    A. 父亲　　　　　　　　B. 同事
    C. 妻子　　　　　　　　D. 朋友

15. 陈大夫可真有两下子！这就叫"艺高人胆大"。没这么高超的医术他敢做这么复杂的手术吗？
    问：这句话告诉我们什么？
    A. 他不做复杂手术是医术不高
    B. 他敢做复杂手术是医术高超
    C. 他医术不高也敢做复杂手术
    D. 他医术高却不敢做复杂手术

## （二）简短对话训练

16. 女：这表才戴了没几个月，怎么就坏了？
    男：这就叫便宜没好货。你要是买我们公司的产品，保险没这种事。
    问：男的最可能在哪儿工作？
    A. 百货公司　　　　　　B. 钟表公司
    C. 保险公司　　　　　　D. 服装公司

17. 女：现在我这儿可方便啦，只要去一趟超市，吃的、穿的、用的就都有了。
    男：就是交通还没市中心方便，去商业区得花不少时间。

问：女的可能住在哪儿？
A. 市中心　　　　　　　　B. 商业区
C. 农村　　　　　　　　　D. 市郊

18. 女：这风真大，把树都给刮倒了。是台风来了吧？
    男：现在哪儿会刮台风，离夏天还有两个多月呢。
    问：对话发生在什么季节？
    A. 春天　　　　　　　　B. 夏天
    C. 秋天　　　　　　　　D. 冬天

19. 女：他喜欢牛奶、面包，我可没这习惯，早餐根本就不吃这些。
    男：我知道，你喜欢中式早点，像大饼、油条、豆浆什么的。
    问：关于女的我们可以知道什么？
    A. 她根本就不吃早餐　　　　B. 她早餐不吃牛奶面包
    C. 她喜欢早点儿吃饭　　　　D. 她不知该吃些什么

20. 女：跑步、做操、骑自行车、参加球赛……对身体都有好处。
    男：我喜欢轻轻松松地活动，觉得竞争性的运动对我不太合适。
    问：男的说哪种运动对他不太合适。
    A. 跑步　　　　　　　　B. 做操
    C. 骑自行车　　　　　　D. 参加球赛

21. 女：通常是下雨天来的人少，今天却不知是怎么回事儿。
    男：是有点儿特别，咱们快去多搬几把椅子来。
    问：哪个答案正确？
    A. 今天来的人多　　　　B. 今天椅子多了
    C. 今天没有下雨　　　　D. 今天雨特别大

22. 男：强强的数学、英语学得特好，英英的语文学得也挺不错。
    女：小华和小芳的学习也不差，这几个孩子我都挺喜欢的。
    问：哪个孩子没被提到？
    A. 英英　　　　　　　　B. 亮亮
    C. 小华　　　　　　　　D. 小芳

23. 男：每天听半小时的新闻对我太有帮助了。
    女：听新闻广播对我这中国人也大有好处呢。我听了十多年了，
        南方口音改了不少。
    问：男的可能是什么人？
    A. 中国人              B. 外国人
    C. 南方人              D. 北方人

24. 女：你怎么这么说话？你知道尊重人吗？
    男：其实，我没说什么呀。我想，咱们两口子还分谁跟谁呀。
    问：男的是什么口气？
    A. 生气                B. 道歉
    C. 同意                D. 辩解

25. 女：对我来说，学的专业知识能用上，这是最重要的，别的都是
        次要的。
    男：收入太低你不愿意吧？路太远，交通不便也不合适吧？总之，
        你还是得全面考虑。
    问：他们在谈什么事？
    A. 考大学              B. 找工作
    C. 逛商店              D. 找住房

26. 男：我的东西式样多新，质量多好，别处可没这么便宜的货。您
        不买一会儿可就卖完了。
    女：听你说的比唱的还好听，可哪有人买呀？
    问：女的是什么口气？
    A. 关心                B. 夸奖
    C. 打听                D. 不信

27. 女：哎呀，撕了个大口子。
    男：你看你，不会小心点儿吗？
    问：男的是什么口气？
    A. 安慰                B. 请求
    C. 不满                D. 商量

28. 女：我对这儿的山山水水、一草一木都有特殊的感情。
    男：谁说不是啊。
    问：男的是什么口气？
    A. 赞同　　　　　　　　B. 疑问
    C. 反对　　　　　　　　D. 不解

29. 男：这结果我早就想到了。你没必要坚持下去。
    女：你错了，谁都改变不了我自己选择的道路。
    问：女的是什么意思？
    A. 坚持自己的选择　　　B. 批评男的带错路
    C. 问谁能给她指路　　　D. 劝男的改正错误

30. 女：爸，您老年纪大了，就少操些心。大事小事有我们来干，您尽管放心吧。
    男：那哪儿成？该做的我还得做，该说的我还得说。
    问：男的是什么意思？
    A. 今后我说你们做　　　B. 你们的事我不管
    C. 以后我少做少说　　　D. 我还是照老样子

## （三）较长对话和短文训练

### （A）

女：小时候你爹打过你吗？
男：这我可以毫不犹豫地回答你，打过。
女：还记得因为什么事儿吗？
男：哪能忘得了？有一次吃饭时我掉了几个饭粒，趁人不注意用脚给搓了。谁知老爷子看到了，竟大发脾气地打了我。我至今都不能忘老爷子当时那愤怒的样儿，好像我把人民的粮仓给破坏了。他边打边说："你吃多少我都不心疼，你浪费一粒粮食，不允许！粮食来之不易，到什么时候都不能忘了！"绝对的，打那以后，我吃饭时再也不敢浪费一粒粮食，掉下的也一定要捡起来吃了。不信你问问所有跟我一块儿吃过饭的人，不信你将来注意我吃饭。

女：我信，我信，我就在老爷子的监督下捡过米粒儿吃。

**31.** 男的在谈小时候的什么事？
  A. 浪费粮食被父亲打的事    B. 吃饭时受父亲批评的事
  C. 破坏粮仓挨打的事    D. 不吃饭挨骂的事

**32.** 关于男的父亲我们可以知道什么？
  A. 他打儿子不会心疼    B. 儿子没吃饱他心疼
  C. 儿子多吃他很生气    D. 他不允许浪费粮食

**33.** 关于女的我们可以知道什么？
  A. 她对男的不相信    B. 她对男的很同情
  C. 她也有类似经历    D. 这事她问过别人

(B)

  近来，不少中学上英语课，做英语作业，喜欢用电子词典。学生们说，电子词典是现代化的学习工具，它重量轻，体积小，随身携带很方便；它的功能很多，全部的中学英语单词都在其中，还可以作计算题，也能当闹钟、游戏机用，谁都喜爱它。

  而英语教师大多都反对学生使用电子词典。他们说，任何考场都禁止使用电子词典，学外语一定要养成勤查印刷词典的好习惯；电子词典上单词的解释太简单，远远比不上一般的印刷词典详细、准确，而且也不容易在学习者的头脑中留下较深的印象。

  一位长期负责外语考试的大学教师说，禁止电子词典进考场是国际通行的作法，因为它容易发出声音，影响别人。但这并不妨碍学生在平时的学习中使用它。电子词典与印刷词典一样，都是学习外语的工具，没有必要阻止学生使用。一些传统的教育观念是可以改变的。

**34.** 英语教师反对学生使用电子词典，理由是什么？
  A. 考场并不禁止用电子词典
  B. 学外语必须勤查印刷词典
  C. 比一般印刷词典详细准确
  D. 容易给学生留下较深印象

35. 一位负责外语考试的大学教师怎么说？
    A. 各国不禁止带词典进考场
    B. 电子词典妨碍学生的学习
    C. 有必要组织学生使用词典
    D. 学生平时可以用电子词典

36. 这段话主要告诉我们什么？
    A. 中学生爱用多功能的电子词典
    B. 电子词典是现代化的学习工具
    C. 对学生用电子词典有不同看法
    D. 可以改变一些传统的教育观念

(C)

许多人读小说，读散文，恐怕很少有人会去读词典。据说，一些著名的专家学者都有从头开始一页页阅读词典的良好习惯。其实，读词典也可以成为普通人获得知识的一种方法。

我也曾经试过读词典，我的这种阅读没有固定的形式，可以从前到后一页一页地读，也可以从后到前一页一页地读。我把这种阅读当成一种调节和休息。这种阅读不会使我感到寂寞和乏味。在这种随意变换的阅读中，可以了解到政治、经济、文化、艺术等许多人类知识领域和社会生活的各个方面。

当然，词典作为一种工具书，它的主要作用还是供人们查阅参考。无论是查找词语、寻求解答，还是随便翻翻，有一点必须明确，那就是应该选择那些编写质量高，内容、文字以及表达方式都准确、完整的词典。

37. 说话人说读词典有什么好处？
    A. 对读小说和散文有帮助    B. 可成为著名的专家学者
    C. 能养成良好的阅读习惯    D. 可以使普通人获得知识

38. 说话人读词典有什么特点？
    A. 不把它当成一种调节和休息
    B. 与一些著名专家学者相同

C. 感到寂寞和乏味就不读
D. 没有固定的阅读形式

39. 说话人说应该选择什么样的词典？
    A. 编写质量高的词典　　　　B. 可随便翻翻的词典
    C. 供查阅参考的词典　　　　D. 表达方式多的词典

(D)

新华社消息：国际体育记者协会5月12日宣布，包括中国优秀体操运动员李宁在内的25名各国运动员被评选为本世纪最佳运动员，并将于6月26日在匈牙利首都布达佩斯举行隆重的发奖仪式。本次评选活动是由国际体育记者协会组织，从去年8月开始进行的。先由该组织的130个成员提出80名候选人名单，最后从中评出25人为本世纪最佳运动员。这些被评出的最佳运动员一共获得过85块奥林匹克运动会金牌、75块世界锦标赛金牌，创造了161项世界记录。

40. 本世纪最佳运动员的候选人有多少名？
    A. 130名　　　　　　　　　　B. 80名
    C. 50名　　　　　　　　　　 D. 25名

41. 隆重的发奖仪式将在哪儿举行？
    A. 匈牙利首都布达佩斯　　　B. 奥林匹克运动会总部
    C. 国际体育记者协会　　　　D. 最佳运动员所在国

42. 这次评选活动是从什么时候开始进行的？
    A. 5月12日　　　　　　　　 B. 6月26日
    C. 去年8月　　　　　　　　 D. 没有提到

(E)

在贵州煤田地质局职工子弟小学，有一位用脚教书的老师，他的名字叫刘建超。

1965年9月18日，4岁的刘建超不小心被电击伤，从此失去了两条胳膊。1978年,刘建超参加了高考,他的成绩超过了大学录取分数线,但是因为身体原因没能走进大学校门。

从1983年开始,他先后参加了贵州省和煤炭工业部等单位举办的各种读书活动,好几次获得了特等奖、一等奖。他还参加了高等教育自学考试。1985年他终于成了一名小学教师。

今年春季开学时,我来到刘建超教课的教室听课。只见他把课堂上要讲的有关内容写在一块小黑板上,然后用脚把它挂在大黑板上。内容讲完以后,他又把小黑板取下来,用脚擦干净,再写下面要讲的内容。就这样循环反复地进行。下课了,学生们都说,刘老师讲课他们听得特别认真。

如今,刘建超已经被评为小学一级教师。我问起他教过哪些学生,他就一个个地说给我听:谁考进了哪所大学,谁考进了哪所高中。说的时候,脸上露出了满意的笑容。

43. 刘建超为什么没能走进大学校门?
    A. 高考成绩不到录取分数线
    B. 小时候失去了两条胳膊
    C. 参加了各种读书活动
    D. 已经是一名小学教师

44. 刘建超是从哪一年开始当教师的?
    A. 1965年
    B. 1978年
    C. 1983年
    D. 1985年

45. 关于刘建超我们可以知道什么?
    A. 他对教过的学生很满意
    B. 他的学生都考进了大学
    C. 同学们经常帮他擦黑板
    D. 他讲课轮流用两块黑板

# 听力理解训练参考答案

| | | | |
|---|---|---|---|
| 1. A | 2. B | 3. A | 4. A |
| 5. D | 6. D | 7. A | 8. C |
| 9. B | 10. B | 11. C | 12. A |
| 13. A | 14. C | 15. B | 16. B |
| 17. D | 18. A | 19. B | 20. D |
| 21. A | 22. B | 23. B | 24. D |
| 25. B | 26. D | 27. C | 28. A |
| 29. A | 30. D | 31. A | 32. D |
| 33. C | 34. B | 35. D | 36. C |
| 37. D | 38. D | 39. A | 40. B |
| 41. A | 42. C | 43. B | 44. D |
| 45. A | | | |

# 第二项 语法结构

## 一、说 明

"语法结构"这一项共三十道试题,20分钟完成。平均每两分钟要做三道试题。时间比较紧,考试的内容也很多。要想取得好成绩,除了认真准备,掌握有关的语法知识,多做一些有针对性的练习外,答题时还要注意技巧和方法。

语法结构的内容分为两个部分。第一部分共10道试题,每题都是一个不完整的句子,每个句子下面都有一个指定词语,句中A、B、C、D是供选择的四个不同位置,请判断这一词语放在句子中哪个位置上恰当。例如:

55. 我们 A 一起 B 去北京 C 旅游 D 过。

　　　　没有　　　　　　　　　　(A)

"没有"只有放在 A 的位置上,使句子变为"我们没有一起去北京旅游过"才合乎语法。所以第55题惟一恰当的答案是 A,你应在答卷上找到号码55,在字母 A 上划一横道,横道一定要划得粗一些,重一些。

55. [A]　　[B]　　[C]　　[D]

第二部分共有20题,这部分试题每一个句子中都有一个或两个空儿,请在A、B、C、D四个答案中选择惟一恰当的填上(在答卷的字母上划一横道)。例如:

67. 我昨天买了一_____钢笔。

　　A. 件　　　　　　　　B. 块
　　C. 支　　　　　　　　D. 条　　　　(C)

汉语只能说"一支钢笔",所以第67题惟一恰当的答案是C,你应该在答卷上找到号码67,在 C 上划一横道,横道一定要划得粗一些,重一些。

67. [A]　　[B]　　[C]　　[D]

## 二、应 试 指 导

　　语法结构的第一部分要求给某一词语选择合适的位置。这主要是关于汉语语序方面的综合测试。就整个句子来说,试题所给的词语有两种可能:1.所给词语在语法上是必需的;2.所给词语在语法上是可有可无的。一般来说,第一种情况普遍得多。要做好这一部分题需要对汉语的语序有一个基本的了解,形成尽可能正确的语感。下面的知识可供参考。

　　1. 汉语的句子一般是由名词性短语(NP, noun phrase)＋动词性短语(VP, verb phrase)这样的小句(clause)组成的。

　　2. 动词短语的语序比较复杂。动词前可能出现的词语比较多,如名词、副词、介词短语、能愿动词等都可能出现在动词之前,它们之间的排列顺序也要注意。

　　3. 名词短语简单一些,要注意的是它的多个修饰语之间的顺序。

　　4. 做这类题时,首先看看题目所给的词语,看它一般是属于名词短语还是动词短语。比如"了"的位置应在动词的后面或句子的最后;"的"一般在名词的前面;"被"的后面一般是名词等等。这样就可以很有把握地排除明显错误的位置。

　　5. 在上面第4条的基础上,检查、选择合适的位置。

　　6. 有时候,所给词语在两个或更多的位置上都符合语法,这时就要读一读整个句子,看看所给词语在哪个位置上更符合逻辑(logical)、事理以及句子本来的意义,就选择哪一个。

　　7. 一个词是一个整体,它中间一般不应该有别的词语。根据这一点有时也可以排除掉一些位置。

　　8. 有时间的话,选择后再读一两遍。

　　语法结构的第二部分是选择填空题。一般每一题都是一个句子,有一个空儿或者两个互相之间有联系的空儿。要求在所给的四个答案中选择一个最合适的填空。所给的四个选择项一般是词或短语。从感觉上说,这部分题比第一部分的题做起来容易一些。要做好这一部分题,下面几点建议可以参考。

　　1. 要特别注意空儿前、空儿后的词语的意义、词性。这部分很多题实际要测试的是词与词之间的关系。特别是以名词和动词为中心的搭配关系。例如：量词与名词之间的搭配，介词与名词（以及后面的动词）之间的搭配，副词与动词之间、动词与趋向动词以及各种补语之间的搭配等等。

2. 如果所给选择项是助动词（如"能"、"会"等）或表示语气、情态的副词（如"居然"、"毕竟"等），要注意理解整个句子的意思。

3. 如果所给选择项是成对的关联词语，除了注意每一对儿之间是否相配，还要注意整个句子想要表达的意思。

4. 注意一些特殊的习惯说法。

5. 排除法仍然是没有把握时的一个好办法。

## （一）量词

### 1. 名量

汉语的名词和数词之间一般要求有量词，不同的名词可能要求不同的量词与它搭配，因此汉语的量词十分丰富。

HSK 要求掌握的量词有：

种　斤　公斤　克　间　棵　课　张　把　只　条　口　米
包　袋　朵　份　届　颗　列　匹　项
伙　成　丸（药）　盏（灯）　串等等

注意：

**（A）** 量词重叠表示没有例外，全部，意思是"每一"。例如：

　　个个　张张　条条　种种

**（B）** 几个跟数量有关的特殊词语的用法：多　半　左右

多：汉语是十进制，可以说：

　　十多个　一百多个　一百二十多个　一千多个　一千二百多个

　　一万多个　一万五千多个

　　十多万个　一百多万个/※一百万多个　一千多万个/※一千万多个

　　一千五百多万个/※一千五百万多个（※表示不能说）

半：常放在量词的后边，例如：三斤半苹果

注意：可以说"一天半"、"一年半"，但是不能说"一月半"，因为"月"是名词，"年"和"天"可以做量词。比较：一个月　※一个天※一个年

左右：(1) 在数量的后面，常常是一个短语的最后。例如：

一米八零左右　六十公斤左右
(2) 在"……的N"中"的"前边,例如:
三天左右的时间

**2. 动量**

汉语有些动词(动作)也有相应的量词。常见的有:

次:计量可以重复出现的动作、事物。

遍:动作从开始到结束的整个过程。

回:计量动作次数,计量事件。例如:一回事。

下:动作快,时间短。例如:这几件衣服很好洗,三下两下就洗完了。

趟:计量与"走"有关的一来一往的次数。例如:上个星期我去了一趟北京。

顿:计量饮食的次数,计量打骂、批评的次数。

番:计量某些动作的遍数。

有些动量词也可以重叠:例如:回回、次次、顿顿。

量词和名词之间的搭配主要是意义上的搭配。例如:"本"用于和纸有关而且有很多页的东西。所以可以说:一本书/小说/杂志/词典/日记/账

做这类题只需要找准名词,一般不须花太多的时间理解整个句子的意思。例如:

(1) A 夜晚上 B 小酒馆坐坐已成了时下 C 上海市民崇尚的 D 时髦。

　　　　　　　　　　一种　　　　　　　　　　(D)

"一种"是表示抽象名词的量词。A、C后面的名词都是具体名词,不能说"一种上海"、"一种夜晚";虽然有时候可以说"一种小酒馆",但这句话不是说上海市民都去哪一种小酒馆,所以这道题最恰当的答案是D。

(2) 我只是一_____普通的记者,实在满足不了女儿的这些要求。

　　　A. 位　　　B. 种
　　　C. 名　　　D. 群　　　(C)

"我"是一个人,因此这道题可能的选择是A和C,汉语称呼自己时不用"位",所以这道题的答案是C。

(3) 华罗庚可以说是数学权威,但他也可能弄错一_____问题。

　　　A. 个　　　B. 种

C. 些    D. 次    （C）

"问题"是具体名词,D 是动量词,这道题可能的选择是 A、C,一个人"可能"弄错的不止是一个问题,所以这道题最合适的答案是 C。

（4）最近他买了一_____三室一厅的住房,已经开始装修了。

A. 幢    B. 层
C. 间    D. 套    （D）

"幢"、"层"表示的是楼,"三室一厅"不是一间,所以这道题的答案是 D。

（5）世界杯足球赛四年一_____,是全世界球迷的生日。

A. 次    B. 场
C. 个    D. 项    （A）

这道题前面一个小句的意思是"每隔四年举行一_____",因此要求一个动量词,可能的选择是 A 和 B,但"场"只表示具体的比赛次数,所以这道题的答案是 A。

## （二）助动词（能愿动词）

助动词是汉语中比较特殊的一类词。HSK 涉及到的主要有下面几个：

能  会  要  想  可能  可以  愿意  应该  得(děi)

如果有时间的话,最好把上面每个助动词的意义、用法都复习一遍。

1. 注意助动词的位置。常见的有：

(A) 助动词＋动词              例如:我会告诉他的。
(B) 助动词＋介词短语＋动词    例如:他可能把这件事忘了。
(C) 助动词＋副词(形容词)＋动词 例如:你应该认真地和他谈一次。
(D) 不＋助动词＋动词          例如:我不会告诉他的。

做选择位置的题时,最重要的是找准相关的主要动词。例如：

（1）我 A 想一个小时 B 把这本书 C 看 D 完。

能    （B）

这道题的主要动词是"看",因此可能的选择是 B 和 C,上面说过,如果有介词短语的话,助动词在介词短语的前面,所以这道题的正确答案是 B。

　　（2）松海 A 生气的主要原因 B 是这事 C 老金 D 先跟他商量一下。

　　　　　　　　　　　应该　　　　　　　　　（D）

这道题看起来有三个动词："生气"、"是"、"商量"，但说话人的意思是因为老金没有跟松海商量，所以松海生气了。没有"商量"是不对的，可见主要动词是"商量"。所以这道题的正确答案是 D。

2. 助动词连用时常见的顺序：可能会/愿意/要/可以/想/得　应该能/会/可以/愿意

3. 选择助动词时，一定要考虑到整个句子的意思。因为在语法上四个答案可能都是对的。例如：

　　（1）和中国朋友一起吃饭的时候，他们总是看着我笑，因为我不_____用筷子。

　　　　A. 愿意　　　　B. 想
　　　　C. 能　　　　　D. 会　　　　（D）

　　（2）吃西餐的时候，不_____用筷子。

　　　　A. 愿意　　　　B. 想
　　　　C. 能　　　　　D. 会　　　　（C）

上面两个例子所给的答案在语法上都没有错误。但是，根据生活经验和句子的意思，例（1）的正确答案应该是 D，例（2）的正确答案应该是 C。

## （三）副词

汉语的副词总数不太多，但是意义和用法比较复杂。HSK 可能涉及到的副词有以下几类：

否定副词　　不　没(有)　别/未必　不曾　必定　不用
时间副词　　正　刚　常　常常　已经　正在　总(是)　才　就
　　　　　　临将　一直　曾经　从来　始终　一时
　　　　　　先后　终于　往往
　　　　　　顿时　早晚　偶尔　恰好
范围副词　　只　一共/到处　光　一同　一块儿　仅(仅)/净
程度副词　　很　太　更　最　十分　非常　多(么)/挺　极　白
　　　　　　比较　尤其　相当　稍(微)　才/大大

| | |
|---|---|
| 频率副词 | 又 再 还 也/一连 一再 再三 不时 |
| 语气副词 | 倒 准 到底 果然 千万 难道 究竟 恐怕 |

尽管 尽量 大约 差点儿

并（不/没） 决（不/没） 毫（不） 可（你可不能这么说）

幸亏 明明 简直 偏偏 何必 居然

毕竟 万万 反正 反 竟 其实 不免 不禁

1. 汉语副词的一个共同特点是一般只能出现在动词（形容词）性短语前面。即：副词＋动词（形容词）短语。在做第一种题型（选择位置）时，要注意找准动词。例如：

小张提前 A 一个小时 B 来 C 到了机场 D。

就　　　　　　　　　　　　（B）

这个句子只有两个动词："提前"和"来到"，所以 A、D、都不对。"来到"是一个词，所以 C 也不对。正确的答案是 B。

2. 如果动词性短语的结构比较复杂，含有介词性短语、助动词、否定词语等其他词语时，副词一般在这些词语的前面。例如：

小张提前 A 一个小时 B 急急忙忙 C 从家里 D 来到了机场。

就　　　　　　　　　　　　（B）

这道题的答案仍然是 B。因为动词短语"来到"的前面有介词短语"从家里"和副词性短语"急急忙忙"，它们和动词的关系更密切。所以"就"应该在它们前面。

3. 有些副词可以出现在整个小句的前面。这些副词是：

终于 顿时 恰好 果然 难道 恐怕 幸亏 反正 其实

例如：

A 中国人也 B 并非没有私权的意识，C 只是这些领地 D 因人而异。

其实　　　　　　　　　　　　（A）

这道题的正确答案是 A。因为后一小句跟"其实"没有直接语义的联系。说话人想说的是中国人有私权的意识，可能的选择是 A 和 B，"也"和"其实"一起出现时，"其实"一般在"也"的前面，所以 B 也可以排除掉，最后只剩下 A。

4. 在做选择填空题时，要注意理解整个句子的意思，特别是选择语气副词时。例如：

（1）加入世界贸易组织，_____会给中国的经济和生活带来什么影响呢？

    A．难道    B．究竟

    C．终究    D．肯定      （B）

  这句话的说话人是在问加入世界贸易组织可能给中国带来的影响。"肯定"和"终究"都不用在这样的问句中；"难道"是不相信的意思，而且后面应该是"吗"不是"呢"，所以正确的答案是B。

  （2）那件事发生之后，我＿＿＿＿＿＿知道，人有时候多么希望旁人帮一把。

    A．已经    B．就

    C．才     D．顿时     （C）

  这句话的说话人的意思是那件事发生以前，他不知道别人希望得到帮助，他知道得有点儿晚。A、B、C、D都表示时间，只有C表示"时间晚"，所以这道题的答案是C。

  （3）一口白酒下肚，＿＿＿＿＿＿觉得浑身上下热乎乎的。

    A．随时    B．顿时

    C．有时    D．暂时     （B）

  这句话的意思是喝了白酒以后，身体觉得比较热，白酒是很厉害的酒，所以很快就会觉得热。A、B、C、D四个答案中只有B表示很快的意思。随时、有时、暂时都表示一般的时间，所以这道题的正确答案是B。

## （四）介词

  HSK语法结构有相当一部分试题内容和介词有关。可能考的介词有：

| | |
|---|---|
| 引出时间/空间 | 当 在 从 离 以 自 由 沿 顺 于 自从 |
| 引出方向 | 向 往 朝 |
| 引出对象 | 对 跟 和 比 为 给 替 向 将 对于 关于 就 |
| 引出目的/原因 | 为 为了 由 由于 |
| 引出依据、凭借 | 根据 按照 照 趁 凭 任 |
| 引出施事/受事 | 把 被 叫 让 |
| 表示排除和加合 | 除 除了 ……除了……以外 |

1. 介词后面一般是名词性成分。大部分"介词＋名词(短语)"一起出现在动词短语的前面,汉语只有少数几个介词构成的介词短语可以在动词后面。如:

  在(躺在床上)  自(来自日本)  于(生于1980年)

2. "名词短语＋介词短语＋动词短语"是最常见的顺序。介词短语也可以出现在名词短语的前面,有时在句子的最前面,这时介词短语后面常常有停顿(逗号)。如:

  在朋友的帮助下,我很快找到了一份工作。

3. 有些介词短语出现在句子前面的机会更多。它们是:

关于 当 根据 按照 除了 为了

例如:

  关于这个问题,我现在不能回答你。

4. 做位置选择题时,先找动词,然后看那个动词前面有没有名词性成分(名词、时间词语、处所词语、代词),如果有,这是介词可能出现的位置;如果没有,肯定不是合适的位置。例如:

(1) A 小王 B 一家 C 去年 D 北京搬回了上海。

      从        (D)

这个句子的动词是"搬",动词前最近的名词性成分是"北京",所以A、B、C都不对。这道题的正确答案是D。

(2) A 我的钱包 B 那个小偷 C 偷走了 D。

      被        (B)

和上面的理由一样,这道题的正确答案是B。

(3) A 这个湖, B 还有 C 一段 D 美丽的传说呢。

    关于          (A)

这个句子只有一个动词"有",所以C、D都不是合适的位置;动词"有"的前面是"还",所以B也不对。介词"关于"一般出现在句子的最前面,因此这道题的正确答案是A。

5. 选择介词时,要注意介词和它后面的名词、动词,有时甚至是整个句子的意义关系。

例如:

(1) 这事跟我没关系,你别＿＿＿＿＿＿我发脾气。

  A. 给  B. 从

  C. 被  D. 对      (D)

(2) 酒全＿＿＿＿＿＿他喝完了。

A. 把　　B. 对
C. 被　　D. 为　　　　　　　　（C）

(3) _____ 取得好成绩,我不得不拼命学习。

A. 按照　　B. 根据
C. 除了　　D. 为了　　　　　　（D）

例(1)发脾气的人是"你","我"是发脾气的对象,所以正确的答案是D。例(2)的意思是他喝完了酒,B、D都明显不对,"酒"不能把他怎么样,所以正确的答案是C。例(3)"我"拼命学习的目的是想"取得好成绩",四个答案中只有D"为了"可以表示目的。所以这道题的答案是D。

6. 注意:介词"在"可以和几个方位词组成"在……中/上/下",这时,中、上、下可能是真实的空间位置,也可能不是(在这种条件下/在教练的指导下/在我的记忆中/在这个基础上)。例如:

_____ 朋友们的帮助下,他很快就适应了这里的生活。

A. 从　　B. 在
C. 关于　　D. 被　　　　　　（B）

这道题的正确答案是B。

## (五) 连词

汉语的连词表示两个词语或小句之间的关系。HSK 语法结构大部分连词和复句有关。只不过复句一般选择的是成对的关联词语。请了解下面的连词的意义和用法：

连接词和词组　　和　跟　与　同　或者　还是
连词分句　　　　虽然　但是　要是　因为　所以　可是　还
　　　　　　　　是　不但　而且　只好　而　此外　以及
　　　　　　　　总之　则　从而　不然　然而　何况　可见
　　　　　　　　况且　若　倘若　要不　以致　就

1. 理解整个句子的意思。注意连词前后小句(词语)之间的逻辑(logical)关系。

2. 不符合语法的可以首先排除掉。

3. 如果有不止一个答案在语法上没有问题,选择和说话人想表达的意思一致的那个。

例如：

(1) 这套房子结构比较好, _____ 价钱也不算贵,我决定把它买下来。

  A．如果    B．因为
  C．况且    D．不但    （C）

这句话中，"我"决定买房子的理由有两个：(1)结构好；(2)价钱不贵。要求选择一个表示并列或者是递进关系的连词。A、B、D都不符合要求。所以这道题的正确答案是C（"况且"和"而且"的意思差不多）。

（2）这个问题连专家都很难回答，_____他还只是一个孩子呢？

  A．而且    B．何况
  C．如果    D．要不    （B）

这句话的意思是这个问题很难，而且他是一个孩子，所以不能回答。前、后两个小句说的都是他不能回答问题的原因。C、D可以排除。"何况"也有而且的意思，一般用在有"呢"的问句中。因此这道题的正确答案是B。

（3）我不认为男人比女人更聪明，_____我也是男人。

  A．但是    B．虽然
  C．因为    D．而且    （B）

这句话的意思是我是男人，可是我不同意"男人比女人更聪明"的说法，所以前后两个小句之间是转折关系。C、D可以排除。一般认为，男人总是觉得男性比女性强，"我"虽然是男人，可我不是这样认为的。汉语中表示"虽然"的小句可以出现在后面，所以这道题的正确答案是B。

## （六）助词

汉语的助词不多，但用法比较复杂。HSK语法结构第一部分常常有这类题。可能考的几个助词是：的 得 了 着 过

下面分别介绍：

1．"的"和名词、动词都有关系。常见的结构有：

（1）NP1和NP2（妈妈的大衣）/NP1VP的NP2（他画的画儿）/VP的NP（穿红衣服的人）

这几种结构中"的"后面的名词都可以不出现。

（2）VP的（昨天来的）/是……的/会……的

2．"得"、"着"、"过"都只和动词（形容词）有关系。其中"得"、"着"紧跟在动词的后面。

如果一个小句有两个动词性词语，"着"一般跟在前一个动词的后面。如：

  躺着看电视

"过"一般也紧跟动词(V 过)，有时可能是 VC 过(C 是补语)。例如：

  那个人的胡子从来没有刮干净过。

3. "了"的用法最难。经常出现的顺序有：

V 了(吃了)　　V 了 V(看了看)　　VC 了(看完了)

V 了 O(喝了酒)　VO 了(喝酒了)　　V 了 O 了(看了一个小时书了)

答题时注意：

1. "的"的位置主要和名词性成分有关，一般情况下先找名词性成分。例如：

  夜 A 生活 B 内容的确是多种多样 C，多姿 D 多彩。

         的　　　　　　　　　　(B)

这个句子的名词只有两个，"生活"和"内容"，所以 C、D 可以排除。"夜生活"是一个词，A 也不对，所以这道题的答案是 B。

2. "了"、"着"、"过"、"得"的位置主要和动词性成分有关。其中"得"、"着"、"过"一般都紧紧跟在动词的后面；"了"的位置比较灵活，可以在动词的后面，也可以在句子的最后。例如：

  我昨天跟 A 几个朋友在和平饭店喝 B 酒喝 C 一夜 D。

           了　　　　　　　(C)

这句话的动词是"喝"，首先可以排除 A；汉语中同一个动词在一个句子里可以连续出现两次，其中第一个后面是宾语(名词)，第二个后面是补语(一般是数量词语)，这时的语序是 VOV 了 C，"了"跟在第二个动词的后面。所以这道题的答案是 C。

### （七）补语

汉语的补语很复杂。参加 HSK 语法结构要准备的主要有以下几类补语：结果补语、趋向补语、程度补语、可能补语、动量补语以及时量补语。其中趋向补语和动量、时量补语不容易掌握。

1. 带有趋向补语尤其是复合趋向补语的动词性短语"V＋(上/下/进/出/起/过/回)＋来/去"中宾语的位置。例如：

  (1) A 再 B 回 C 去 D 的时候，你一定不要忘了给妈妈带礼物。

(2) A 他急急忙忙地跑 B 下 C 去 D，一边跑一边穿衣服。

日本　　　　　　　　（C）

楼　　　　　　　　（C）

表示处所意义的宾语要放在"来/去"的前面。所以上面两题的答案都是 C。

2. 一般名词做宾语时，位置一般在动量、时量补语的后面；人称代词做宾语时，位置应该在动词的后面，动量、时量的前面。例如：

(1) 昨天晚上，我_____。

A. 看了三个小时电视
B. 看了电视三个小时
C. 看电视了三个小时
D. 看三个小时电视了　　　　　（A）

这道题中，B、C 不符合上面说的汉语语序，可能的选择只有 A 和 D。但 D 的意思是已经看了三个小时了，现在还在看，而这句话说的是昨天的事，所以正确的答案是 A。

(2) _____，你怎么才来？

A. 我等了半天你
B. 你我等了半天
C. 我等半天你了
D. 我等你半天了　　　　　　（D）

这道题正确的答案是 D，因为人称代词的位置应该在动词之后靠近动词的地方。

3. V"起来"与 V"下去"表示动作的开始和持续。例如：

让他讲_____，讲完以后再问问题。

A. 起来　　　　B. 下来
C. 上来　　　　D. 下去　　　　　（D）

说话人的意思是让"他"继续讲，所以正确的答案应该是 D。

4. 注意有些动词要求特殊的结果补语。例如：

这笔生意本来很有希望，但后来被别人给搅_____了。

A. 红　　　　　B. 黄
C. 白　　　　　D. 黑　　　　　（B）

这句话的意思是生意没谈成，汉语中表示事情失败用"黄"，所以这道题的答案是 B。

## （八）语序

语序是汉语最重要的语法特点之一，HSK 语法结构的 51—60 题是判断词语的恰当位置，其中大多和语序有关。61—80 题中有直接要求选择顺序正确的短语的题目。例如：

我学什么东西都是开始以后总是＿＿＿＿。
  A. 坚持不下去  B. 不下去坚持
  C. 坚持下不去  D. 下去不坚持    （A）

这类题所给的四个答案使用的词语差不多甚至完全一样，中国人靠感觉就知道哪种说法是正确的。但外国人对自己的感觉就不那么有信心了，一定要对相关的语法知识有点了解才行。前面的语法介绍差不多都提到了语序问题。请再复习一遍。

1. 注意所给四个选择项有哪些相同的地方，哪些不同的地方。看清它们的核心成分是动词还是名词。

2. 核心成分如果是动词，要特别注意动词后宾语和补语的位置顺序以及动词前各个成分之间的顺序。汉语动词前可以有较多的成分（当然，并不是每个句子的动词前都要出现一定数量的修饰性成分）。一般的顺序是：

时间词＋副词（语气/频率/范围等）＋处所词＋介词短语＋副词（描写动作的）＋动词

例如：

（1）他昨天一天＿＿＿＿＿＿。
  A. 在房间里都紧张地复习功课
  B. 都紧张地在房间里复习功课
  C. 在房间里紧张地都复习功课
  D. 都在房间里紧张地复习功课    （D）

这道题的正确答案应该是 D。注意："都"的意思是指昨天一天所有的时间。"紧张地"应该靠近动词。

动词后的主要成分是补语和宾语，它们的位置关系前面已经说过。另外，还要注意"着"、"了"、"过"的位置。例如：

（2）刚才我看见＿＿＿＿＿＿。
  A. 从树上跳下来一只小猴子
  B. 从树上跳一只小猴子下来

C. 跳下来一只小猴子从树上
D. 跳一只小猴子下来从树上　　　　　　　　　　　（A）

这道题的正确答案是 A。"从"构成的介词短语一般在动词前面,因此可以排除 C 和 D;表示出现或消失的句子中出现或消失的事物在后面,而表示趋向的补语"下来"应该靠近动词,所以 B 也不对。

3. 核心成分如果是名词,要注意名词前面的修饰成分(定语)之间的顺序。一般来说,下面的顺序是比较常见的:

领有名词(代词)＋时间/处所词语＋指示代词/数量词＋动词性词语/介词短语＋形容词性短语＋名词

当然,并不是每个名词都同时有这么多修饰语。另外,数量词的位置比较灵活。例如:

那个穿红衣服的姑娘是_____
A. 我最要好的大学时代同学
B. 我大学时代最要好的同学
C. 大学时代我最要好的同学
D. 大学时代最要好的我同学　　　　　　　　　　（B）

这句话的意思是说我和那个姑娘是同学关系,即"那个姑娘是我的同学",所以 C、D 可以先排除;时间词语"大学时代"的位置应该在前面,因此这道题的正确答案是 B。

4. 表示比较的句子中,否定词"不"有两个位置:(1) 在"比"的前面;(2) 在形容词的后面。比较的差(数量/多少等词语)应该在形容词的后面。例如:

那个小姑娘看起来好像_____
A. 比你不大了几岁　　　B. 不比你大了几岁
C. 比你大不了几岁　　　D. 比你几岁大不了　　（C）

"不"用在"比"的前面时,形容词后面不能有"了"和表示数量的词语,所以 B 是错误的;数量应该在形容词的后面,可见 D 也不对。"不"应在形容词的后面,所以 A 也不对。这道题的正确答案是 C。

## (九) 复句

汉语的复句一般都是由成对的关联词语配合构成。常见的分句间的意义关系和经常成对使用的关联词语有:

| 分句间的意义关系 | 关联词语 |
|---|---|
| 并列 | 既……又(也),一方面……一方面,……,一面……一面……,一边……一边……,又……又…… |
| 递进 | 不但(不仅)……而且……,不但(不仅)……还(也)…… |
| 因果 | 因为……所以……,之所以……是因为……,由于……所以……,由于……就……,由于……以致…… |
| 选择 | 是……还是……,或(者)……或(者)……,不是……就是……,<br>与其(说)……不如(说)……,要么……要么……,<br>与其……宁可……,宁可……也要(也不)…… |
| 条件 | 只有……才(能)……,只要……就……,既然……就……,<br>无论(不管)……都(也)……,<br>除非……否则,……,除非……才……,凡是……都…… |
| 假设 | 如果……就(那么)……,要是(要不是)……就……,<br>假若(倘若)……就……,假如(假使)……就…… |
| 转折 | 虽然……但是(可是)……,尽管……但是(可是/还是/然而)……,<br>虽……但(却/可也)……,虽说……可是…… |
| 让步 | 即使……也……,就算……也……,哪怕……也(都)……<br>就是……也……,即便……也…… |

(续表)

| 分句间的意义关系 | 关联词语 |
|---|---|
| 紧缩 | 一……就……,越(愈)……越(愈)……,<br>不……不……<br>再……也……,没有……就没有…… |

**HSK**语法结构试题复句部分一般是选择填空。具体表现为选择恰当的关联词语。一般都是选择成对使用的关联词语,有时也可能要求选择一个。选择时要注意:

1. 汉语的复句一般由两个小分句组成,它们之间有一定的意义关系,主要是逻辑(logical)关系。如果仔细阅读所给句子,理解分句间的意义关系,就能选择出正确答案。

2. 注意关联词语和它后面的词语之间的关系是不是合乎语法,不符合的可以排除。

3. 不同的关联词语可以表示不同的意义关系。如果答案中的选择项有不止一个在语法上没有问题时,选择合乎情理、事理的那一个。

4. 汉语复句的关联词语一般都成对使用。答题时一定要注意。

例如:

(1) _____天气不好,我明天_____不去郊游。

    A. 因为……所以……

    B. 虽然……但是……

    C. 如果……那么……

    D. 要是……就……    (D)

这句话说的是明天的事情,所以A、B都不符合句子的意思。C和D都表示假设,但C中的"那么"应该出现在小句的开头。因此这道题的答案是D。

(2) _____课堂纪律不好,_____必然会影响同学们的学习。

    A. 只要……才……

    B. 别说……就是……

    C. 尽管……然而……

    D. 如果……就……    (D)

根据上面第4条可以排除A,根据第2条可以排除B,根据第3条可以排除 C,最后确认,这道题的正确答案是 D。

(3) ＿＿＿＿＿＿他赢了这盘棋,＿＿＿＿＿＿还输我两盘呢。

　　A. 就算……也……
　　B. 即使……就……
　　C. 如果……就……
　　D. 尽管……但是……　　　　　　　　　　　　　　　　(A)

B 的两个关联词语不是成对的,C 的两个关联词语虽然是一对,但是"就还"后面不能是语气词"呢"。这句话的意思是虽然他很可能赢,但是这盘棋的结果现在还不能确定,D 中的"尽管"表示的意思是"他"已经赢了,所以也不符合句子的意思。这道题的正确答案是 A。

(4) 京剧和西洋歌剧不同,不论看表演还是听唱腔,＿＿＿＿＿＿是到了妙处,＿＿＿＿＿＿可以叫好。

　　A. 只有……才……
　　B. 只要……就……
　　C. 除非……才……
　　D. 不论……都……　　　　　　　　　　　　　　　　(B)

这道题中,第一个空儿的后面是"是",A 中的"只有"不能和"是"在一起;D 中的"不论"虽然可以和"是"在一起,但它后面一般要有两个成分,即"不论是 X 还是 Y",因此也不对;C 虽然在语法上没有问题,但它表示的意思是看京剧时不能随便叫好,事实是,看京剧时叫好的次数很多,所以这道题的正确答案是 B。

# 三、训　　练

## (一) 量词训练

1. 据统计,在北京、上海和广州这三座城市里的写字楼总面积大 A 约有 85 B 万 C 平方米 D。

　　　　　　　　　　　多

2. 王东方博士向"希望工程"捐款一千 A 五百 B 万 C 元 D 人民币。

　　　　　　　　　　　多

3. 我前 A 年曾经在纽约呆过 4 个 B 月 C 的时间。今年说不定会呆得更长一 D 些。

半

4. 那个大学 A 有一千二百 B 名 C 的留学生 D,是中国目前接受留学生最多的学校。

左右

5. 夸下 A 海口的众多减 B 肥广告可能将面临 C 尴尬 D。

一场

6. 一_____社会学家曾经说过,近代的自由知识分子不属于任何一个固定的经济阶级。
  A. 种      B. 位
  C. 级      D. 帮

7. 如果皮肤表面的一_____"自然保护剂"都被温水和肥皂洗净,皮肤就不能得到有效的保护。
  A. 瓶      B. 盒
  C. 支      D. 层

8. 目前市场上那些几千元一_____的音响已不能让人满意,几万元的进口音响一般人又买不起。
  A. 件      B. 套
  C. 种      D. 对

9. 在大街上,行人、车辆靠右走,这是全社会人人都必须遵守的一_____规则。
  A. 串      B. 根
  C. 条      D. 只

10. 人们不论怎么忙,总得休息,闲谈就是一_____愉快的休息。
  A. 个      B. 次
  C. 回      D. 种

11. 在超声波技术的帮助下，一_____婴儿的雕像会在婴儿出生后不久交到产妇的手上。
    A. 名　　　　　　　　　B. 位
    C. 条　　　　　　　　　D. 座

12. 社会学是一_____研究社会关系、社会问题及社会发展的综合性学科。
    A. 次　　　　　　　　　B. 项
    C. 门　　　　　　　　　D. 类

13. 谈起法国人的吃，一_____总的印象是富有艺术性又很务实。
    A. 头　　　　　　　　　B. 个
    C. 次　　　　　　　　　D. 下

14. 著名的"法国大餐"的第一_____菜是冷盘。
    A. 道　　　　　　　　　B. 条
    C. 根　　　　　　　　　D. 碗

15. 武汉新建成了一_____现代化斜拉桥，这就是武汉长江大桥。
    A. 只　　　　　　　　　B. 个
    C. 条　　　　　　　　　D. 座

16. 他那么瘦，谁知道一_____能吃那么多！
    A. 份　　　　　　　　　B. 遍
    C. 顿　　　　　　　　　D. 盆

17. 黄山是旅游胜地，你无论如何也要抽时间去一_____。
    A. 下　　　　　　　　　B. 顿
    C. 遍　　　　　　　　　D. 趟

18. 他为了解决这个问题，的确下了一_____工夫。

A. 片                     B. 个
C. 次                     D. 番

## （二）助动词训练

19. A 他每年 B 从村委会领到两千元的 C 退休金 D。

                                 能

20. 我国 A 目前还 B 没有一个部门 C 为国有商标权这一重要的知识产权 D 负起责任。

                                 能够

21. 英国卫生大臣说，英国政府 A 会 B 屠杀国内 C 全部一千两百万头牛，以彻底 D 杜绝"疯牛病"的蔓延。

                                 可能

22. 他要是 A 实在 B 不 C 去就算了，咱 D 也不能勉强人家。

                                 愿意

23. 有专家 A 认为，如果 B 仍不 C 治理生活污染，上海将 D 为此付出沉重的代价。

                                 要

24. 自愿不育者 A 认为这 B 有助于 C 夫妇双方专心干事业，有利于双方的 D 自我发展。

                                 可以

25. 听说他下个星期天_____要去参观一个展览，是吗？
    A. 可能                 B. 能
    C. 会                    D. 可以

26. 十年过去了，他这个愿望还是没_____实现。
    A. 会                    B. 能
    C. 肯                    D. 要

27. 我就是看上他了，我还_____嫁给他呢！
   A. 能　　　　　　　　　　B. 可以
   C. 应该　　　　　　　　　D. 要

28. 你可以写一本书来讨论这个问题，但也不一定_____讨论清楚。
   A. 能　　　　　　　　　　B. 要
   C. 想　　　　　　　　　　D. 可能

29. 有一种鱼的身体像梭子，每小时_____游几十公里。
   A. 会　　　　　　　　　　B. 能
   C. 要　　　　　　　　　　D. 应该

30. 我跟他共事多年，是熟得_____再熟的老朋友了。
   A. 不会　　　　　　　　　B. 不能
   C. 不想　　　　　　　　　D. 不愿

31. 厕所建设布局的大众化、普及化，_____成为未来城市发展建设的走向之一。
   A. 可能　　　　　　　　　B. 能
   C. 必须　　　　　　　　　C. 应该

32. 他从我手里拿过合同，说："杨领队，这回我_____仔细看看了。"
   A. 肯　　　　　　　　　　B. 可能
   C. 可以　　　　　　　　　D. 得

33. 他们都表示，只要俱乐部不辞他们，他们都_____在俱乐部一干到底。
   A. 应该　　　　　　　　　B. 愿意
   C. 必须　　　　　　　　　D. 能够

## （三）副词训练

**34.** 现在的工作 A 以前 B 忙，所以 C 有时间 D 搞研究。

　　　　　　　　没

**35.** A 多年来人们 B 一直 C 利用反射太阳光的热量来 D 烧煮食物。

　　　　　　　　在

**36.** A 我妻子对孩子 B 的学习 C 不 D 关心。

　　　　　　　　一向

**37.** 广州市工商局 A 采取若干措施，B 制止商标 C 使用等方面的 D 不良文化现象。

　　　　　　　　将

**38.** 他 A 想 B 把爱好 C 当职业，那 D 怎么行呢？

　　　　　　　　老

**39.** A 球 B 进了！北京球迷全都 C 跳了起来，山东球迷 D 沉默了。

　　　　　　　　顿时

**40.** 运动减肥本身并不错，问题是 A 接受指导的人 B 因此而 C 陷入紧张，D 结果不能长期坚持。

　　　　　　　　往往

**41.** A 这下我 B 放心了，C 明天就 D 能上班去了。

　　　　　　　　可

**42.** 日本人 A 到银行 B 取款时 C 也不用 D 随身携带存折等证明了。

　　　　　　　　再

**43.** 被窝内的温度 A 是 B 影响睡眠的一个 C 重要因素 D。

也

44. 世界 **A** 属于 **B** 人类而不 **C** 属于汽车 **D**。
毕竟

45. 晚会 **A** 没有新意已经 **B** 对不起观众，**C** 办成企业家 **D** 联谊会就更有违"3·15"主旨。
再

46. 值班大爷 **A** 说，北京市星期六长途电话 **B** 按全价 **C** 收费，只有星期天是 **D** 半价。
一律

47. 经理 **A** 让你 **B** 明天 **C** 早点儿 **D** 到他办公室去。
尽量

48. 光听别人说，自己_____动脑筋，是不行的。
   A. 没　　　　　　　　B. 不
   C. 别　　　　　　　　D. 没有

49. 老师有事_____来，今天的课没有上成。
   A. 别　　　　　　　　B. 没
   C. 不　　　　　　　　D. 不用

50. 到酒吧喝酒要注意，_____一次把酒点齐，随要随喝。
   A. 别　　　　　　　　B. 没
   C. 不　　　　　　　　D. 不曾

51. 不少人冬天睡觉喜欢把被子捂得严严的，这样既不卫生，也_____舒服。
   A. 别　　　　　　　　B. 没
   C. 未必　　　　　　　D. 不曾

52. 我有一个美国朋友叫苏珊，她在一家公司当职员，_____

自学中文呢。
- A. 已经
- B. 正在
- C. 偶尔
- D. 刚

53. 咱们现在_____把过年的礼物给孩子们吧,看他们急的。
- A. 就
- B. 才
- C. 终于
- D. 刚

54. 领导_____派我来开会,没来得及告诉你一声。
- A. 顿时
- B. 终于
- C. 临时
- D. 马上

55. 我们的设计方案_____通过了,总算没有白忙。
- A. 才
- B. 将
- C. 恰好
- D. 终于

56. 如果你在下午两点左右感到昏昏欲睡,那就_____停止工作,出去散一会步。
- A. 临时
- B. 顿时
- C. 常常
- D. 暂时

57. _____困扰浦东队的外援人选问题近日终于有了眉目。
- A. 从来
- B. 已经
- C. 常常
- D. 一直

58. 《孙子兵法》在国外受到了普遍的重视,_____有日文、法文、英文、德文、俄文等多种译本出版。
- A. 先后
- B. 偶尔
- C. 终于
- D. 常常

59. 日本东京有一家妇产医院,孕妇在_____产前一个月就可早早地住进医院的"超级产房"。
- A. 将
- B. 临
- C. 快
- D. 要

60. 巴基斯坦的人口目前是世界第十四位,预计到 2050 年_____升到第四位。
    A. 将  B. 能
    C. 临  D. 要

61. _____到上海市区出差办事,最令我烦心的就是找公厕。
    A. 经常  B. 往往
    C. 从来  D. 始终

62. 上海人的理财经验_____变得越来越成熟。
    A. 正  B. 在
    C. 才  D. 刚

63. 在她 25 岁那年,有一天,她_____从一张报纸上看到了一则招聘启事。
    A. 偶尔  B. 偶然
    C. 已经  D. 一时

64. 这事就过去了,咱要总结一条,以后你有什么_____跟我们通气。
    A. 及时  B. 平时
    C. 不时  D. 时时

65. 有报道说,1978 年_____,上海已有 90%以上的居民搬过家。
    A. 以后  B. 以来
    C. 以往  D. 以下

66. 的确,妇女热线电话无法解决某些社会问题,但它_____提供了一种自我帮助的方法。
    A. 反正  B. 其实
    C. 幸亏  D. 毕竟

67. 要说跳舞，_____要数马玲和赵霞跳得好了。
   A. 难道　　　　　　　　B. 恐怕
   C. 简直　　　　　　　　D. 究竟

68. 改革开放改变了中国人的生活，_____是中国妇女的生活。
   A. 并且　　　　　　　　B. 甚至
   C. 非常　　　　　　　　D. 尤其

69. 他这样做_____是没把你放在眼里。
   A. 到底　　　　　　　　B. 偏偏
   C. 居然　　　　　　　　D. 明明

70. 开个玩笑嘛，_____当真？
   A. 何必　　　　　　　　B. 必定
   C. 简直　　　　　　　　D. 一定

71. 马上就要高考了，他们_____还有时间谈恋爱！
   A. 仍然　　　　　　　　B. 果然
   C. 居然　　　　　　　　D. 虽然

72. 这人就这佩脾气，你让他东，他_____向西。
   A. 一定　　　　　　　　B. 终于
   C. 明明　　　　　　　　D. 偏偏

73. 如果每天喝几升啤酒，就会_____增加心脏的负担。
   A. 非常　　　　　　　　B. 特别
   C. 尤其　　　　　　　　D. 大大

## （四）介词训练

74. 电视剧的好坏 A 应 B 广大 C 观众 D 来评判。
   由

75. 从下个月15号开始，A 上海电视台将 B 四个频道的节目进行 C 大幅度调整 D。

　　　　　　　　　　　　　　　　　　　对

76. A 盆景作为 B 室内的装饰品，可以 C 给室内 D 带来浓厚的生活气息，具有独特的风味。

　　　　　　　　　　　　　　　　　　　把

77. 张教授 A "希望 B 工程" C 捐款100万元 D。

　　　　　　　　　　　　　　　　　　　向

78. 当前 A 中国文坛最为活跃的22位女作家日前 B 推出了 C 称为"中国出版史上规模 D 最大的女性作家丛书"。

　　　　　　　　　　　　　　　　　　　被

79. 资金问题＿＿＿＿＿＿＿＿我们自己解决。
　　A．从　　　　　　　　　　B．被
　　C．向　　　　　　　　　　D．由

80. ＿＿＿＿＿＿＿＿医学的观点看，疲劳主要是因为人在从事体力活动和脑力劳动时消耗了过多的营养物质。
　　A．在　　　　　　　　　　B．由
　　C．对　　　　　　　　　　D．从

81. 金融意识的提高绝对是件好事，但＿＿＿＿＿＿＿＿目前状况来说，人们的金融意识还远远不够。
　　A．关于　　　　　　　　　B．对于
　　C．就　　　　　　　　　　D．在

82. 播音员在播新闻时的主要职责是＿＿＿＿＿＿＿＿记者、编辑所写的稿件，一字一句地念出来。
　　A．按照　　　　　　　　　B．为了
　　C．就　　　　　　　　　　D．替

83. 白茶产_____闽东茶区,著名的白茶有"白猴"、"白牡丹"等等。
    A. 于　　　　　　　　　B. 由
    C. 向　　　　　　　　　D. 给

84. _____面试技巧问题,我一直在探讨,欢迎你也参与其中。
    A. 按照　　　　　　　　B. 为了
    C. 关于　　　　　　　　D. 除了

85. _____耳、目、口、鼻、身这五种器官,人类研究得比较充分的莫过于眼睛和耳朵。
    A. 就　　　　　　　　　B. 对于
    C. 把　　　　　　　　　D. 为了

86. 2月3日,云南丽江发生了强烈地震,271人_____夺去了生命,一万多人受伤。
    A. 叫　　　　　　　　　B. 让
    C. 由　　　　　　　　　D. 被

87. _____1804年以后很长一段时间里,香蕉在美国仍然是很稀罕的水果。
    A. 从　　　　　　　　　B. 自从
    C. 在　　　　　　　　　D. 往

88. 1997年7月1日,中国政府开始_____香港恢复行使主权,这是中国近现代史上的一件大事。
    A. 给　　　　　　　　　B. 向
    C. 对于　　　　　　　　D. 对

89. _____能使乘坐环境更舒适,防晒隔热,人们往往把车窗玻璃贴上太阳膜。
    A. 为了　　　　　　　　B. 除了
    C. 以　　　　　　　　　D. 就

90. _____当一个人坐在方向盘后时,他的行为会发生变化。
   A. 根据　　　　　　　　B. 据说
   C. 按照　　　　　　　　D. 据

91. 世界上现有语言数以千计,这_____国际交往造成了不便。
   A. 给　　　　　　　　　B. 替
   C. 为　　　　　　　　　D. 把

92. 我们电视台想_____报考志愿的情况,采访咱们这儿的学生。
   A. 为　　　　　　　　　B. 在
   C. 把　　　　　　　　　D. 就

93. _____李祥福的性格、作风,在教练眼里应该是没挑的。
   A. 以　　　　　　　　　B. 由
   C. 由于　　　　　　　　D. 向

## (五) 连词训练

94. A 听说移电话的使用 B 方法 C 一般无绳电话 D 差不多。
    　　　　　　　　　　跟

95. A 他太紧张了,B 连最简单的问题也 C 回答 D 错了。
    　　　　　　以致

96. 洛克比问题取得重大突破,美、英和利比亚固然为此作出很多让步,但他们_____获得的好处也是显而易见的。
    A. 因为　　　　　　　　B. 所以
    C. 因此　　　　　　　　D. 为此

97. 他们俩搞了三年多对象,_____最后还是分手了。
    A. 那么　　　　　　　　B. 但
    C. 却　　　　　　　　　D. 而且

98. 她们认为,做家务也是劳动,_____间接地创造了社会财富,因此也应当得到相应的报酬。

    A. 虽然　　　　　　　　　B. 还是
    C. 而且　　　　　　　　　D. 如果

99. 她没有和丈夫离婚。不管怎么说,丈夫是老实人,_____新婚之夜狠狠地揍过她。

    A. 但是　　　　　　　　　B. 然而
    C. 不过　　　　　　　　　D. 虽然

100. 她带着孩子回来了,手续办得并不太艰难,回来以后的生活_____是艰难的。

    A. 但　　　　　　　　　　B. 可
    C. 却　　　　　　　　　　D. 还

101. 我当时读中学,_____我自幼对诗词感兴趣,父亲就教我背唐诗宋词。

    A. 如果　　　　　　　　　B. 要是
    C. 听说　　　　　　　　　D. 因为

102. 首先我代表本报总编向您问好,_____感谢您接受本报记者的独家采访。

    A. 还　　　　　　　　　　B. 又
    C. 并　　　　　　　　　　D. 再

103. _____和俱乐部谈得好,那我当然想继续在国安队踢球。

    A. 因为　　　　　　　　　B. 如果
    C. 只有　　　　　　　　　D. 然而

## (六) 助词训练

104. 我知道 A 自己成不 B 什么气候,但还是想 C 先努力努力 D。
    了

105. 我一边道 A 谢 B，一边坐进 C 驾驶室 D。
       了

106. 朋友送 A 给我 B 一件非常漂亮的生日礼物 C，我很高兴地接受 D。
       了

107. 多年 A 来他们一直相安无事 B，彼此从 C 来没红 D 脸。
       过

108. 他是有 A 名的运动 B 健将，曾破 C 四次世界记录 D。
       过

109. 小芳和阿明 A 是在一次舞会上 B 偶然相遇 C 而一见钟情 D。
       的

110. 一连好几个 A 问题他都没回答对 B，看来被录取 C 希望很小 D。
       的

111. 这次 A 手术把他 B 一生 C 积蓄几乎都用 D 完了。
       的

112. 你不相信 A 就等 B 瞧 C，我非拿 D 到 HSK 六级证书不可。
       着

113. 这种人嘴上 A 说 B 好听，心里怎么想 C 就只 D 有他自己知道了。
       得

## （七）补语训练

114. 小孙爱好写作，几年_____，发表了十多篇文章。

A. 以后 B. 下来
C. 下去 D. 上来

115. 这件衣服看_____不错,穿上试试吧。
   A. 上来 B. 上去
   C. 出来 D. 下去

116. 过了两个小时,小王才慢慢醒_____。
   A. 上来 B. 过来
   C. 起来 D. 过去

117. 她三个月没有男朋友的消息,急得吃不_____饭,睡不着觉。
   A. 到 B. 上
   C. 着 D. 下

118. 这孩子真气人,大人的话他根本听不_____。
   A. 起来 B. 下来
   C. 进去 D. 进来

119. 他怎么了?一直在那儿_____。
   A. 走起走来 B. 走过走来
   C. 走去走来 D. 走来走去

120. 我一个人照顾_____这么多客人。
   A. 不过 B. 不了
   C. 不及 D. 不完

121. 现在过春节不许放鞭炮,想热闹也热闹不_____了。
   A. 下去 B. 上来
   C. 过来 D. 起来

122. 从那时到现在,我们的每一步都是咬紧牙关走_____的。
   A. 回去 B. 回来

C. 起来　　　　　　　　D. 过来

123. 这些事,说说容易,做_____可就不那么简单了。
　　 A. 出来　　　　　　　B. 起来
　　 C. 下来　　　　　　　D. 过来

124. 许多刚出道的新演员仅靠一部戏就走_____了。
　　 A. 红　　　　　　　　B. 黑
　　 C. 黄　　　　　　　　D. 白

125. 听了妻子的话,我糊涂了,琢磨半天才明白_____。
　　 A. 下来　　　　　　　B. 进来
　　 C. 出来　　　　　　　D. 过来

126. 世界上有些事真是说不_____,恋爱了许多年,说分手就分手了。
　　 A. 白　　　　　　　　B. 清
　　 C. 明　　　　　　　　D. 黄

127. 吵一架,谁也别往心里_____,还得接着往下干。
　　 A. 来　　　　　　　　B. 去
　　 C. 进　　　　　　　　D. 出

128. 项目虽有上百个,但没有够得_____高、精、尖的合适项目,怎么办呢?
　　 A. 上　　　　　　　　B. 到
　　 C. 下　　　　　　　　D. 着

## (八) 语序训练

129. 刚晴了两天,怎么又_____?
　　 A. 下雨起来了　　　　B. 下了起来雨
　　 C. 下起雨来了　　　　D. 雨下起来了

· 70 ·

130. 这家公司生产的微波炉质量太差了，_____没几天就坏了。
    A. 买回家来　　　　　　　B. 买回来家
    C. 买来回家　　　　　　　D. 买家回来

131. 昨天晚上我和朋友_____，把这事给忘了。
    A. 喝酒了三个小时　　　　B. 喝了三个小时酒
    C. 三个小时喝酒了　　　　D. 三个小时喝了酒

132. 刚才我在楼下_____，你为什么不答应？
    A. 叫了你半天　　　　　　B. 半天叫了你
    C. 叫半天了你　　　　　　D. 叫你了半天

133. 我学什么东西都一样，开始以后总是_____。
    A. 坚持不下去　　　　　　B. 坚持下不去
    C. 不下去坚持　　　　　　D. 下去不坚持

134. 我_____才买到票，位置还特别靠后。
    A. 排队了半天　　　　　　B. 半天排队了
    C. 排队半天了　　　　　　D. 排了半天队

135. 他们也够不容易的，_____，少说也要跑几十里呢。
    A. 一场球打下来　　　　　B. 打一场球下来
    C. 打球一场下来　　　　　D. 打下来一场球

136. 这件事_____。
    A. 你千万不要告诉别人
    B. 千万你不要别人告诉
    C. 你不要千万告诉别人
    D. 千万不要你告诉别人

137. 南京是_____。
    A. 一座有着2000多年历史的名城
    B. 一座名城有着2000多年的历史

C. 有着一座2000多年历史的名城
D. 有着历史的2000多年一座名城

138. 很多留学生都说,汉语大概是_____。
    A. 世界上语言最难学习的
    B. 最难学习的世界上语言
    C. 世界上最难学习的语言
    D. 最难学习的语言世界上

139. 我见过这个人,可是我_____了。
    A. 他的名字记不起来       B. 记不他的名字起来
    C. 记他的名字不起来       D. 记不起他的名字来

140. 桂林是_____。
    A. 中国著名的旅游城市       B. 旅游中国的著名城市
    C. 中国旅游的著名城市       D. 著名中国的旅游城市

141. 他们俩_____,但最后还是分手了。
    A. 搞了对象三年多       B. 搞对象了三年多
    C. 三年多搞对象了       D. 搞了三年多对象

142. 熟透的大香蕉_____。
    A. 吃起来痛快极了       B. 痛快极了吃起来
    C. 起来吃痛快极了       D. 痛快起来吃极了

143. 很遗憾,我没有被留下来。_____?
    A. 是不是我因为不习惯中国食品
    B. 因为我是不是不习惯中国食品
    C. 我是不是因为不习惯中国食品
    D. 是不是因为我不习惯中国食品

144. 他会说英语,也会一点西班牙语。_____。
    A. 他说得最好的是他本国的土语
    B. 最好的是他说得他本国的土语

C. 他本国的土语是他说得最好的
D. 他本国的土语是他的说得最好

145. 北京的酒吧主要以"聚会吧"、"朋友吧"、"情人吧"、"大学生吧"等为主，_____。
    A. 不同的酒吧以不同的心情选择不同的人
    B. 不同的人以不同的心情选择不同的酒吧
    C. 以不同的心情选择不同的酒吧不同的人
    D. 不同的人选择不同的酒吧以不同的心情

146. 看来，他_____。
    A. 没把这事告诉别人     B. 把这事没告诉别人
    C. 这事没把别人告诉     D. 把别人告诉没这事

147. 他刚来中国时，_____。
    A. 不少笑话闹出了       B. 笑话不少闹出了
    C. 不少闹出了笑话       D. 闹出了不少笑话

148. 女朋友让我_____。
    A. 等她在花园饭店门口七点半
    B. 等她七点半在花园饭店门口
    C. 在花园饭店门口等她七点半
    D. 七点半在花园饭店门口等她

## （九）复句训练

149. _____住过大学城的学生，_____忘不了那色彩斑斓、朝气蓬勃的生活。
    A. 无论……都……       B. 只要……才……
    C. 凡是……都……       D. 只有……才能……

150. 他要的_____普通的秘书，_____一个能帮他写英文信的秘书。
    A. 宁可……也要……     B. 不是……就是……

C. 不是……而是…… D. 不但……而且……

151. _____是有神经病,_____谁也不会那样做的。
    A. 如果……就…… B. 除非……才……
    C. 假如……就…… D. 除非……否则……

152. _____不大细心的人_____会注意到,广州市内出现了许多音响器材商店。
    A. 即使……也…… B. 虽然……但是……
    C. 如果……就…… D. 只有……才……

153. _____说莱温斯基接受美国广播公司的电视专访是为了重建信誉,_____她接受英国电视专访的目的就不同了。
    A. 要是……就…… B. 假如……就……
    C. 如果……就…… D. 如果……那么……

154. 参加昨天会议的干部中,_____有党政干部,_____有专业技术干部。
    A. 既……也…… B. 是……还是……
    C. 一……就…… D. 虽然……但是……

155. _____她为国家创造了可观的财富,衣着_____十分简朴。
    A. 虽然……但…… B. 只要……就……
    C. 如果……却…… D. 尽管……却……

156. _____雪大天黑,前来参加营救工作的奥地利军队的直升机也不得不中途返航。
    A. 即使 B. 尽管
    C. 宁可 D. 由于

157. 人们的情绪_____影响各个器官的生理功能,_____直接影响肤色变化。
    A. 宁可……也要…… B. 尽管……然而……

C. 不管……也……   D. 不仅……还……

158. 人的双眼大小也不完全一样。一般人都是右眼大于左眼，_____右眼的使用率比左眼高得多。
   A. 还   B. 否则
   C. 而且   D. 与其

159. 泰国_____不是大米产量最高的国家，_____是世界上大米出口最多的国家。
   A. 不但……而且……   B. 虽然……却……
   C. 之所以……是因为……   D. 只要……就……

160. 人的一双手_____十分灵巧，_____粗壮有力的大拇指与其他四指有对撑作用，能够抓住物体。
   A. 因为……所以……   B. 虽然……但是……
   C. 之所以……是因为……   D. 不是……就是……

161. _____再晚来10分钟，咱们_____赶不上这趟车了。
   A. 即使……也……   B. 只有……才……
   C. 如果……那么……   D. 要是……就……

162. 他们俩在一起_____谈吃穿_____讲玩乐，将来不会有什么出息。
   A. 不是……就是……   B. 是……还是……
   C. 因为……所以……   D. 宁可……也要……

163. 天_____来_____黑，我也更着急了。
   A. 从……就……   B. 一……就……
   C. 再……也……   D. 越……越……

## （十）综合训练

### （A）

164. 你 A 呀，一定是在 B 路上遇到了 C 人，一聊 D 起来就把正事给忘了。

    什么

165. A 四部贺岁片的上市 B 重新唤起了 C 观众 D 电影的热情。

    对

166. 便宜 A 没好货 B，十块钱买 C 的手表肯定好不 D。

    了

167. 地下 A 铁路是香港 B 最现代化 C 交通设备 D。

    的

168. 虽然 A 不少人 B 都知道素食 C 对身体有益，但 D 真的有百利而无一害呢？

    是否

169. 我们只要吃两种合适的素食食物，A 就 B 可以得到 C 比肉食 D 有营养价值的蛋白质。

    更

170. 一个星期 A 看 B 了 C 演出 D，真过瘾！

    两场

171. 今天是她的 A 生日，B 男朋友 C 为她定做了一个 D 大蛋糕。

    特地

172. A 这次会议 B 要讨论 C 很多问题，估计 D 得一个星期才能结束。

至少

**173.** **A** 现在的青年人 **B** 都是 **C** 看眼前,谁也 **D** 不想将来的事儿。
只

**174.** 中央电视台将于明年1月举办第三_____戏剧小品电视大赛。
- A. 届
- B. 批
- C. 个
- D. 种

**175.** 小孩子家会什么呀,还不是乱画一_____。
- A. 顿
- B. 纸
- C. 笔
- D. 气

**176.** 别吵了,_____我安静一会儿行不行?
- A. 让
- B. 被
- C. 把
- D. 请

**177.** 在如何欣赏中国书法艺术这一点_____,我们的看法总是不太一样。
- A. 中
- B. 上
- C. 下
- D. 时

**178.** 事情既然已经成这样了,还说这些又有什么用_____?
- A. 吧
- B. 吗
- C. 呢
- D. 嘛

**179.** 才三个月的孩子就_____说话,这事儿让谁听着都觉得新鲜。
- A. 可能
- B. 会
- C. 要
- D. 可以

**180.** 我就是不吃不喝,一年_____挣不到两万块钱。
- A. 并
- B. 更
- C. 在
- D. 也

181. 这孩子真把我给气死了，你让他干什么，他_____不干什么。
    A. 偏　　　　　　　　B. 歪
    C. 斜　　　　　　　　D. 弯

182. 快叫救护车，小张又晕_____了。
    A. 上来　　　　　　　B. 下去
    C. 过来　　　　　　　D. 过去

183. 那个地方出来的人，_____做服装生意。
    A. 从来　　　　　　　B. 大体
    C. 大都　　　　　　　D. 大约

184. 那个长头发的男人不是俄罗斯人，就是英国人，_____不是美国人。
    A. 居然　　　　　　　B. 反正
    C. 果然　　　　　　　D. 毕竟

185. _____把世界园艺博览会办好，昆明市政府动员了很多青年志愿者参加接待服务工作。
    A. 由于　　　　　　　B. 因为
    C. 如果　　　　　　　D. 为了

186. 你放心吧，_____明天下刀子，我也会去机场接你。
    A. 就算　　　　　　　B. 尽管
    C. 既然　　　　　　　D. 虽然

187. 这消息来得也太_____了，我一点儿心理准备都没有。
    A. 忽然　　　　　　　B. 突然
    C. 居然　　　　　　　D. 果然

188. 这一群酒鬼，两箱啤酒居然_____被他们喝光了。
    A. 一再　　　　　　　B. 一直

C. 统统  D. 一共

189. 他租来的那间小屋脏兮兮的，进不去人，下不得脚，_____变成了狗窝。
    A. 不免  B. 尽管
    C. 究竟  D. 简直

190. 老年人的脑细胞_____每天都在死亡，_____在一定条件下，还是可以有新的细胞产生的。
    A. 虽然……但是……  B. 虽……却……
    C. 不但……而且……  D. 因为……所以……

191. _____他的全部兴趣始终局限于专业范围以内，_____，他仍然不能称为"知识分子"。
    A. 除非……才……  B. 如果……那么……
    C. 假如……就……  D. 不但……而且

192. 有什么值得吹的，不就是_____吗？
    A. 出国两趟了  B. 出了两趟国
    C. 两趟国出了  D. 两趟出国了

193. 你别笑话他，_____。
    A. 你的成绩也不比他好多少
    B. 你的成绩不也比他好多少
    C. 你也不比他好多少的成绩
    D. 你的成绩也比他不好多少

(B)

194. A 我想 B 这几天有空儿，C 在家里好好地 D 搞一次大扫除。
    趁

195. 经理对 A 职员的要求 B 太严格 C，大家都很不满 D。
    了

196. 我妻子 A 整天唠唠叨叨 B，烦死了，在外面 C 耳朵清静 D 多了。

　　　　　　　　　的

197. 我们以前 A 吃的油 B 比色拉油颜色 C 深 D 了。

　　　　　　　　　多

198. A 她 B 人长得 C 漂亮 D，而且性格也很温柔。

　　　　　　　　　不但

199. 我 A 最近 B 几个月 C 没怎么 D 见过他。

　　　　　　　　　几乎

200. A 事情 B 过去很久了 C，没有必要 D 再提起。

　　　　　　　　　已经

201. A 他 B 爸爸 C 告诉我们今天身体不舒服，D 不参加郊游了。

　　　　　　　　　让

202. A 你可真够 B 傻的，C 容易 D 相信人。

　　　　　　　　　这么

203. A 两人 B 见 C 面，忍不住抱 D 头大哭起来。

　　　　　　　　　一

204. 据说，400多年前，一位植物学家首次带回一_____郁金香种球，其中11种来自中国天山地区。
　　　A. 个　　　　　　　　B. 颗
　　　C. 群　　　　　　　　D. 批

205. 看来，这个法官对于女人的手提包一定做过一_____调查。
　　　A. 眼　　　　　　　　B. 顿

C. 手
D. 番

206. 我_____小李不太了解,他的事你最好去问小张。
A. 跟
B. 对
C. 和
D. 向

207. 这都是_____几年的事儿了,提它干什么?
A. 前
B. 后
C. 过
D. 下

208. 这种花瓶我跑了好几家百货商店_____看到一个,可又是别人已经预定了的。
A. 还
B. 才
C. 又
D. 刚

209. 你真_____开玩笑,我_____帮你什么忙儿!
A. 能　　会
B. 会　　能
C. 能　　肯
D. 会　　肯

210. 借小王的那三万块钱,_____说死了月底要还人家的。
A. 但是
B. 然而
C. 可是
D. 可

211. 说心里话,这场球我是想扛下来的,最后_____扛不下来了。
A. 实在
B. 其实
C. 事实
D. 实际

212. 我一想,算了,_____回北京队吧!
A. 确实
B. 干脆
C. 终于
D. 实在

213. 有件事我_____想告诉你,但又不知道怎么说好。
A. 从来
B. 向来

C. 一直  D. 以后

214. 我去超市的时候_____给你捎点回来就行了。
   A. 方便  B. 以便
   C. 便宜  D. 顺便

215. 王非最近迷_____了电脑，每天一坐就是几个小时。
   A. 着  B. 上
   C. 下  D. 来

216. 看不_____，你倒还真有两下子。
   A. 进来  B. 进去
   C. 出来  D. 出去

217. 我已经把这件事说得_____了，你还要我说什么？
   A. 清楚  B. 清楚清楚
   C. 清清楚楚  D. 很清清楚楚

218. 他_____还是个孩子，感觉不到生活的压力。
   A. 毕竟  B. 竟然
   C. 虽然  D. 竟

219. 你就别在这添乱了，你_____帮我_____忙。
   A. 一……就……  B. 不……不……
   C. 越……越……  D. 只要……就……

220. 在全国各地邮市上大量出现半成品的邮资票品，_____在我国的邮政史上还是在国际邮政史上_____是非常罕见的。
   A. 如果……就……  B. 即使……也……
   C. 不仅……而且……  D. 无论……都……

221. 中式快餐的价格_____能让平民百姓接受，_____会吸引更多的顾客。

· 82 ·

A. 尽管……但是……

B. 如果……就……

C. 不论……都……

D. 之所以……是因为……

222. 一个人旅行的时候，_____。

A. 千万不要轻易相信陌生人

B. 陌生人千万相信不要轻易

C. 千万不要陌生人轻易相信

D. 不要轻易千万相信陌生人

223. 听说_____。

A. 老张和他前妻复婚了上个月

B. 上个月复婚了他前妻和老张

C. 老张上个月和他前妻复婚了

D. 他前妻和老张复婚了上个月

# 语法结构训练参考答案

| | | | |
|---|---|---|---|
| 1. C | 2. B | 3. B | 4. C |
| 5. C | 6. B | 7. D | 8. B |
| 9. C | 10. D | 11. D | 12. C |
| 13. B | 14. A | 15. D | 16. C |
| 17. D | 18. D | 19. B | 20. C |
| 21. A | 22. C | 23. D | 24. B |
| 25. A | 26. B | 27. D | 28. A |
| 29. B | 30. B | 31. A | 32. D |
| 33. B | 34. A | 35. C | 36. C |
| 37. A | 38. A | 39. D | 40. B |
| 41. B | 42. C | 43. A | 44. A |
| 45. C | 46. B | 47. C | 48. B |
| 49. B | 50. A | 51. C | 52. B |
| 53. A | 54. C | 55. D | 56. D |
| 57. D | 58. A | 59. B | 60. A |
| 61. A | 62. A | 63. B | 64. A |
| 65. B | 66. D | 67. B | 68. D |
| 69. D | 70. A | 71. C | 72. D |
| 73. D | 74. B | 75. B | 76. A |
| 77. A | 78. C | 79. D | 80. D |
| 81. C | 82. A | 83. A | 84. C |
| 85. B | 86. D | 87. C | 88. D |
| 89. A | 90. B | 91. A | 92. D |
| 93. A | 94. C | 95. B | 96. C |
| 97. B | 98. C | 99. D | 100. C |
| 101. D | 102. C | 103. B | 104. B |
| 105. C | 106. D | 107. D | 108. C |
| 109. D | 110. C | 111. C | 112. B |
| 113. B | 114. B | 115. B | 116. B |
| 117. D | 118. C | 119. D | 120. B |
| 121. D | 122. D | 123. B | 124. A |
| 125. D | 126. B | 127. B | 128. A |
| 129. C | 130. A | 131. B | 132. A |
| 133. A | 134. D | 135. A | 136. A |
| 137. A | 138. C | 139. D | 140. A |

| 141. D | 142. A | 143. D | 144. A |
| 145. B | 146. A | 147. D | 148. D |
| 149. C | 150. C | 151. D | 152. A |
| 153. D | 154. A | 155. D | 156. D |
| 157. D | 158. C | 159. B | 160. C |
| 161. D | 162. A | 163. D | 164. C |
| 165. D | 166. D | 167. C | 168. D |
| 169. D | 170. C | 171. C | 172. D |
| 173. C | 174. A | 175. D | 176. A |
| 177. B | 178. C | 179. B | 180. D |
| 181. A | 182. D | 183. C | 184. B |
| 185. D | 186. A | 187. B | 188. C |
| 189. D | 190. A | 191. B | 192. B |
| 193. A | 194. B | 195. C | 196. B |
| 197. D | 198. B | 199. C | 200. B |
| 201. B | 202. C | 203. B | 204. D |
| 205. D | 206. B | 207. A | 208. B |
| 209. B | 210. D | 211. A | 212. B |
| 213. C | 214. D | 215. B | 216. C |
| 217. C | 218. A | 219. C | 220. D |
| 221. B | 222. A | 223. C | |

# 第三项 阅读理解

## 一、说 明

"阅读理解"这一项共 50 道试题,60 分钟完成。它由两个部分组成:第一部分,词汇;第二部分,阅读。下面分别说明。

(一)词汇部分。这一部分共 20 道试题,每道试题是一个句子,每个句子中有一个划线的词语,下面是四个选择项,要求考生从四个选择项中找出最合适的一个,它的意思跟划线词语最接近。如:

那天你为什么<u>迟到</u>?
A. 没来　　　　　　B. 报到
C. 睡过了　　　　　D. 来晚了　　　　　(D)

句子里的划线部分是"迟到","迟到"的意思跟"来晚了"差不多,所以应该选择答案 D。这一部分试题的目的,是考查考生词汇量的大小,以及对词义的理解程度。划线部分的词语,基本上是《汉语水平词汇等级大纲》中的甲级、乙级、丙级词,乙级词最多。从词性上来看,划线部分的词语包括动词、形容词、名词、副词等意义比较实在的词,以及一些习用语。

词汇部分常见的命题角度有这样几种:

1. 用一个词解释另一个词。

(A)句子里的划线的词语比较容易,选择项里的作为正确答案的那个词语比较难。如:

我丈夫读了那本<u>杂志</u>,看出了你写的那个人就是我。
A. 期刊　　　　　　B. 报纸
C. 小说　　　　　　D. 作品　　　　　　(A)

"杂志"是丙级词,在选择项里,虽然"报纸"、"小说"、"作品"都是乙级词,还比较容易,但是,"期刊"是丁级词,难度很高。考生可能不认识"期刊",但是只要知道"杂志"的意思,也知道"报纸"、"小说"、"作品"的意思,就可以应用排除法,选择 A。所以,要完成这道题,就必须掌握"杂志"、"报纸"、"小说"、"作品"这些词的意思,这样,这道题就考查了考生词汇量的大小。

(B)句子里的划线的词语比较难,选择项里的作为正确答案的词语比较容易。如:

至此,已有十一名科技干部到延庆担任科技副经理。

A. 当　　　　　　　　B. 管
C. 找　　　　　　　　D. 挑　　　　　　　　(A)

"担任"是乙级词,"当"是甲级词。这里是用甲级词解释乙级词。如果不认识"当",或者只认识"当",却不知道"担任"的意思,就无法完成这道题。

2. 考查一个多义词在特定句子里的意思。汉语里有不少多义词,就是说,同一个词有几个意思,我们可能都认识这个词,但是我们可能只知道它的一个最简单的意思,不一定知道它在别的地方还会有许多别的意思。如:

不要再买点心了,再买妈妈又该说我们了。

A. 解释　　　　　　　B. 劝告
C. 责备　　　　　　　D. 表扬　　　　　　　(C)

"说"有多个意思,既可以是"说话"的意思,还可以是"批评、责备"的意思。在表示"说话"的意思时,它的宾语表示说的内容;在表示"批评、责备"的意思时,它的宾语是指人的。根据这里的上下文,应该选择 C。又如:

这几年,他们家买了冰箱,添了彩电,日子过得挺美。

A. 阔　　　　　　　　B. 方便
C. 满意　　　　　　　D. 美丽　　　　　　　(C)

"美"有"美丽、漂亮"和"满意、得意"的意思,在这里,根据上下文,只能是"满意"。

3. 考查对习用语意义的理解。习用语,或者叫"惯用语",是一种结构比较固定的短语,表示特定的意思,我们一般不能仅仅从字面上来理解。习用语也是语言的总词汇的一个组成部分,掌握多少习用语反映了一个人的词汇量。如:

有意见当面提,别在背后说闲话。

A. 讽刺　　　　　　　B. 鼓励
C. 赞扬　　　　　　　D. 聊天　　　　　　　(A)

老百姓最看不惯这种官气十足的人。

A. 羡慕  B. 仇恨
C. 讨厌  D. 不尊重  (C)

这两句里的"说闲话"、"看不惯"都是习用语，它们的意思是固定的，光看"说、闲、话、看、不、惯"这几个字，是没法知道它的整体的意思的。

(二) 阅读部分。这一部分共30题，由八篇左右不同题材、体裁、长度、难度的短文组成，每篇短文之后有几个问题，每题有四个选择项，要求选择最恰当的答案。如：

球类运动是人们喜爱的一项运动，世界上有些国家有自己的"国球"，它由政府正式命名，或为国内外人士所公认。国球一般是该国最广泛的运动项目。如巴基斯坦的国球是曲棍球，巴西的是足球，加拿大的是冰球，印度的是羽毛球，而英国的则是网球。

从上面这段文字看，一般来说加拿大人比英国人更喜欢打：

A. 羽毛球  B. 冰球
C. 曲棍球  D. 网球  (B)

下面哪种说法对？

A. 世界各国都有自己的国球。
B. 国球必须是政府命名的。
C. 国球必须是知名人士公认的。
D. 国球一般是该国参加人数最多的一项运动。  (D)

这部分试题，主要考查考生的阅读速度和理解能力。

对于阅读速度的要求是：一般性文章150字/分钟，较复杂的文章120字/分钟。

对于理解能力的要求是：

(1) 掌握所读材料的主要用意和大意。
(2) 了解所读材料的主要事实和信息。
(3) 捕捉所需的某些细节。
(4) 跳跃障碍，根据上下文猜测词义。
(5) 根据所读材料进行引申和推断。
(6) 领会作者的态度和情绪。

文章的内容，涉及人文、科技、生物医学等各个方面。

# 二、应试指导

这里我们主要针对第二部分"阅读",作一些阅读理解部分答题技巧上的指导。当然,首先,要保证速度。如果看得太慢,不能在一个小时的规定时间里看完这些文章,那么技巧再高明也是没用的。在保证速度的前提下,我们在阅读考试中(以及在平时看书报杂志的时候),要注意培养自己下面几方面的能力。

## (一)跳跃障碍和猜测词义

### 1. 跳跃障碍

在阅读过程中,我们必定会遇到不认识的字、词。这是很正常的。有的词语,出题人认为你应该学过,可是呢,你并没有学过,或者你学过了,又忘了。这时,你不必紧张。因为,有些词语对于理解全文的意思,对于答题,都是没有关系的。你完全可以跳过去,不管它,这就叫"跳跃障碍"。如:

有一种鸟叫蜂鸟,是鸟类中最小的鸟,只有拇指大小。这鸟嘴细长,专吃花蜜和花上的小昆虫。这鸟产于南美洲,整日盘旋于仙人掌等几种花间,也许是营养太单调,总也吃不大,飞不高。而有些人读书做学问的习惯,跟其很相似。这些人爱读书,却不大会读书,往往成了书的奴仆。这些人埋进书堆,一心只读自己的书,任天塌下来也不管。这些人苦读精神可嘉,本无可厚非,然而令人担心的是钻进象牙之塔出不来。读书就像吃饭,不可偏食。印刷的书要读,人生这本大书更要读。

作者用蜂鸟来比喻:
A. 不读书的人　　B. 会读书的人
C. 只知读书的人　D. 读书很多的人　　　　(C)

作者认为读书就像吃饭一样:
A. 要认真专心　　B. 要广泛丰富
C. 要每天坚持　　D. 要消化理解　　　　　(B)

这段文章里有些词语是有点儿难的,例如:拇指、盘旋、仙人掌、奴仆、塌、精神可嘉、无可厚非、象牙之塔,等等。我们千万不要被这些词语吓倒。因为,即使不知道这些词语的意思,我们仍然可以大致理解这段文章的意思，仍然可以答对后面的两个问题，你信不信？现在让我们试着把这段文章里的一部分词语拿掉，看看我们是不是还能理解大概的意思：

有一种鸟叫蜂鸟，是最小的鸟，也许是营养太单调，总也吃不大，飞不高。而有些人读书做学问的习惯很相似。这些人爱读书，却不大会读书，一心只读自己的书，任天塌下来也不管。读书就像吃饭，不可偏食。印刷的书要读，人生这本大书更得读。

上面这段话简单多了，但它保留了原文的主要意思。看懂了上面这段话，完全可以回答文章后面的两个问题。其实，只要看懂上面这段话里的带点的词语，就可以回答那两个问题了。

### 2. 猜测词义

当然，有些词语，对于理解全文的意思，对于答题是很重要的，我们把它们叫做"关键词"。如果你不认识这些关键性的词语，那怎么办？那你就只好想办法去猜测它的意思。或者，有些你不认识的词语，虽然不是关键词，但是你希望把文章看得更明白一些，把握更大一些，那么最好也能猜出它们的意思。甚至，有的词语，是出题人明明知道你没学过而故意放在那儿的，目的就是考考你的猜测词义的能力。猜测词义，有多种方法，主要有以下几种。

第一，我们可以从字形猜测词义。

很多汉字有表示意义的偏旁，利用汉字的偏旁，可以猜测它的意思。如言字旁的字，往往跟语言有关（如"语"、"说"、"讲"），木字旁的字，往往跟树木有关（如"树"、"森"、"材"、"桌"）。又如：

今年雨水比较多，各地一定要做好防汛工作。

"三点水"的字往往与水有关，我们可以猜想"防汛"是防水灾的意思。

当然，利用偏旁猜测词义，只能猜个大概，而且不一定可靠。但是，汉字的偏旁毕竟可以提供一点线索，提供一个方向。如果再结合上下文，可靠性就会大大增强。

第二，从字义猜测词义。

有很多词是由两个或者两个以上的字构成的，如果你知道其中的一个或几个字的意思，你就可能猜测出整个词的意思。如：

成年的水羊可以像船一样作渡河的工具，也可以宰杀吃肉。

"宰"是丁级词，考生可能不认识，但是，我们可以根据"杀"来猜测：

"宰杀"的意思跟"杀"大概差不多。又如：

  蜂鸟只有拇指大小。

"蜂鸟"是超纲词，但是我们不难猜到，这是鸟的一种。又如：

  赵强跟赵丽是兄妹俩，他们合作写了一篇关于发展科技的短文。

如果我们知道"兄"是"哥哥"的意思，"妹"就是"妹妹"，那么，"兄妹"就是"哥哥和妹妹"。这句话的前半部分告诉我们：赵强是哥哥，赵丽是妹妹。至于"科技"，我们看到"科"，就会想到"科学"，看到"技"，就会想到"技术"，那么"科技"就是"科学技术"的意思。"短文"呢，我们看到"文"，就想到是指"文章"，那么"短文"就是"比较短的文章"。

一个词如果是由两个或两个以上的字组成的，那么，猜测的时候，我们不但要知道其中的字是什么意思，还要注意字义和字义之间的关系。词内部的关系主要有这样几种：(A) 并列关系，如：兄妹，岁月，肥胖；(B) 偏正关系，如：物价，水温，彩电；(C) 动宾关系，如：伤心，照常，出席；(D) 主谓关系，如：地震，头疼，性急；(E) 补充关系，如：缩小，抓紧，改善。

当然，有些词语的意思是不能根据字面意义来推测的。如：

  你们学校卫生不合格，要好好补课。

这里的"补课"既不是"补学所缺的课"，也不是"补教所缺的课"，在这里是"重新打扫"的意思，跟"上课"没有关系。所以在根据字义猜测词义时，要联系上下文，把猜测结果放到上下文中去，看看是不是讲得通，用上下文来检验一下自己的猜测结果。

第三，从上下文猜测词义。

(A) 我们可以根据前后一些相关的词语来猜测词义。如：

  人们总是帮助自己喜欢的人，而对自己厌恶的人，情况则完全不同。

考生可能不认识"厌恶"这个词，但是没关系，从"情况则完全不同"可以猜测，"厌恶"的意思跟"喜欢"是相反的。又如：

  春生子是一种小鱼，这种鱼只有一拃长，白亮光洁，寿命极短。

很少有人认识"拃"这个词，但是"一拃长"到底有多长并不重要，从"小"、"只"可以知道，反正"一拃长"在这里表示这种鱼很短，这就行了。

(B) 我们可以根据词语的搭配关系来猜测词义。如，下面的"中风"

是什么意思呢？

> 如果用"养神三分钟"自我治疗、预防"中风"，每年可使全世界少死300万人，一年也可使我国少死60万人。

这里，"中风"前面的动作是"治疗、预防"。我们知道，"治疗、预防"的对象，当然应该是某种疾病，因此，我们可以肯定，"中风"是一种疾病的名称。

(C) 我们可以根据语法格式和虚词来猜测词义。如：

> 要说我的那位，论业务谁不挑大拇指，论相貌谁不说百里挑一，可就是不怎么会做饭，你别笑话，一日三餐我全包了。

如果你不明白"谁不挑大拇指"、"谁不说百里挑一"，那也没关系，可以从格式上猜出来。我们知道，"……，可就是……"这样的格式，总是先肯定优点，然后指出缺点和不足，这里后面的"不怎么会做饭"是缺点，前面的话一定是说他的业务和相貌都非常好。

一些虚词，比如关联词语、副词等，也往往可以帮助我们猜测词语的意思。如：

> 我曾经劝过他多次，甚至对他提出过警告，可他却始终置若罔闻。

你恐怕还没学过"置若罔闻"这个成语，但是，句子里的"可"、"却"给我们做了提示。"可"、"却"都是表示转折的，所以，我们可以猜想，在这里，"始终置若罔闻"就是说，他一直不听我的劝告，不重视我的警告。如果我们把句子稍微改一改：

> 我曾经劝过他多次，甚至对他提出过警告，最后他终于悬崖勒马。

"悬崖勒马"也是一个成语，如果不知道它的意思，那么，可以利用句中"最后"、"终于"来猜测，至少可以得到这样一个大概的线索：他最后重视了我的警告，听了我的劝告，改变了以前的……

## （二）如何理解复杂的句子

有时候，句子里的词语你都认识，但是，就是不知道整个句子是什么意思。这里介绍几个帮助你理解复杂的句子的方法。

### 1. 抓住句子的主要部分

有的句子比较长，看上去很复杂，这时候，我们最好分析一下：这个句子的主语是什么？谓语动词是什么？宾语是什么？把主语、谓语、宾语

的核心找出来,先把句子的基本结构弄清楚。句子的基本结构清楚了,句子的意思也就基本清楚了。如:

(原分布在我国的大江南北,长城以南等地)的大熊猫成了(原始人类狩猎)的对象。

这个句子的基本结构是:……大熊猫……成了……狩猎的对象。在"大熊猫"的前面,有一个长定语"原分布在我国的大江南北,长城以南等地",告诉我们"大熊猫原来分布在我国的大江南北,长城以南等地",在"对象"前面有一个定语"原始人类狩猎",说明"原始人类把大熊猫作为狩猎的对象"。把这三方面结合起来,就是原句的意思:① ……大熊猫……成了……狩猎的对象;② 大熊猫原来分布在我国的大江南北,长城以南等地;③ 原始人类把大熊猫作为狩猎的对象。

**2. 抓住关键词语**

关键词语包括:一些虚词,如连词、代词、副词等;以及语法上的修饰性成分,如定语、状语等。如:

由于鲍鱼生长缓慢(一般要长四年才能成为商品鱼),售价相当高,但专家们认为,如采用生物工程技术,只需两年鱼苗即可长成商品鱼上市,价格也因此可望降低一半左右。

这个句子很长,似乎很复杂,但是,首先,我们应该抓住几个关联词语(有时自己可以补充):

由于……,(所以)……,|但(是)……,如(果)……,(那么)……,……也……

这样,句子内部的逻辑关系就容易整理清楚了。然后,再把几个关键词语添上去,句子就成了这么一个样子:

由于……四年……,所以……售价……高,但是……如果……技术,那么……只需……两年……,价格也……一半……。

不看原文,只看这么几个关键词语,相信你也基本上猜到了句子的意思。

**3. 补出省略成分**

有些句子的情况与上面说的刚好相反,这些句子并不长,甚至很短,但是因为句子过于简略,变得不太好理解。造成简略的原因,主要有两种。一是,文章的书面语风格特别强,我们平时熟悉的那些两个字、或几个字组成的词,在文章里都成了一个字构成的词了,如:不说"……的时候",只说"……时";不说"如果……",只说"如……";不说"昨天晚上",

只说"昨晚";不说"桌子上",只说"桌上";等等。第二个原因是句子中省略了一些成分,如:句子的主语、宾语等,或者省略了句子与句子之间的关联词语。如:

　　如遇意外,请即来电。

对这样的句子,首先,我们可以采用组词的办法,就是用句子里的字组成词,然后再来理解句子的意思。

　　如:如果,遇:遇到,即:立即,电:电话(电报)

其次,要补出省略的成分:如(你)遇意外,请(你)即来电(给我)。于是,我们可以理解原句的意思是:如果你遇到意外的话,请马上给我来一个电话(电报)。又如:

　　在各国语言里有许多语词现在通行的涵义和它们最初的语源迥不相同。不明了它们的文化背景,简直推究不出彼此有什么关系来。知道了它们的历史,则不单可以发现很有趣的语义演变,对于文化进展的阶段也可以反映出一个很清晰的片影来。

如果我们把省略的成分都补出来,句子是这样的:

　　在各国语言里有许多语词现在通行的涵义和它们最初的语源迥不相同。(如果)不明了它们的文化背景,(我们就)简直推究不出(它们现在的涵义跟最初的语源)彼此有什么关系来。(但是如果)知道了它们的历史,则(我们)不单可以发现很有趣的语义演变,(而且)对于文化进展的阶段也可以反映出一个很清晰的片影来。

这样,句子内部的语义关系就清楚多了。

**4. 分析词语之间意义上的联系**

**(A) 层次和结构关系**

有时,看上去紧紧连在一起的词语,其实不一定在意义上有直接的关系。这时候,分清楚句子的层次和结构关系就非常重要了。如:

　　他们参加了这次世界排球锦标赛的接待工作。

这句话告诉我们什么?他们参加了世界锦标赛,还是参加了接待工作?分析一下句子的结构,我们就可以知道,"这次世界排球锦标赛的接待工作"整个是"参加"的宾语,"这次世界排球锦标赛"只是"接待工作"的定语,所以,"参加"的是"接待工作",而不是"比赛":他们参加了……接待工作。

对于有些句子结构,可以采用从里到外、逐层解剖的办法。如:

　　不要等到非找他不可的时候再去找他。

对于这个句子,我们可以从最里面的"非找他不可"开始分析:

非找他不可的时候＝必须找他的时候

等到非找他不可的时候再去找他＝等到必须找他的时候再去找他

(暂时不去找他)

不要等到非找他不可的时候再去找他＝不要等到必须找他的时候再去找他

(尽早去找他)

**(B) 代词的所指**

一个句子里,或前后几句中,出现几个代词,我们一定要弄清楚它们分别指的是什么,否则,就会误解原文的意思。如:

售货员越是把商品说得怎么怎么好,老王就越是不相信他。因为他想,售货员只是一心要把东西卖掉,那"最好"的东西很可能是最不好的。

这段话里有两个"他",这两个"他"所指是不一样的。前面第一个"他"指的是售货员,第二个"他"指的是老王。

## (三) 注意把握全文的整体意思

### 1. 注意开头和结尾

有的文章,开头和结尾特别重要。文章的中心内容、主题、结论往往不是在文章的开头,就是在文章的结尾部分。如:

鸟儿绝大部分有搬迁的习惯,也有一部分鸟只留在本地生活,如麻雀、椋鸟、南极企鹅等。那么,<u>在寒带的留鸟中谁最耐寒呢?</u>

寒鸦在冬季留驻家乡不去江南避寒。再往塞北有一种叫白脸脊的鸟,耐寒温度可以达到零下50摄氏度左右,如果温度再低,这种鸟就受不了了。

南极的企鹅常年在零下40至70摄氏度的环境中生活。企鹅是不是最耐寒的鸟呢?

科学家对动物界鸟类耐寒情况作了这样一个实验。在一特别的透明、密封、便于观察的箱子里,放进几种耐寒性强的鸟,一开始就把温度调到零下80摄氏度。这时南极企鹅几分钟就经受不住了。接着,再把温度降下20摄氏度,企鹅即趴下不动了。而鸭子却能够"呀呀"地鸣叫,并可蹒跚前行,还可用扁平的嘴去拱拱不能动弹的其他鸟类。

由此看来,<u>最耐寒的鸟类数鸭子</u>。为什么鸭子具有耐寒的特殊本领呢?这是因为它继承了祖先野鸭的特点,在饮食上不计优劣、生熟,在生理特征上,浑身有密细不透水的绒毛,加之较厚的皮下脂肪,对它成为耐寒冠军起了决定性作用。

文章第一段提出问题("在寒带的留鸟中谁最耐寒呢"),中间是论证过程,文章最后一段加以总结("由此看来"),回答了第一段提出的问题("最耐寒的鸟类数鸭子")。

### 2. 找出主题句

有些文章,一段里有一两句话是特别重要的,它概括了这一段的主要意思,这一个句子就是"主题句"。把主题句找出来,可以帮助我们把握整段的中心意思。如:

哭是人们生活中常见的事,在同情、伤感、悲痛、绝望、呼救时,人们往往会哭。<u>过多的哭泣对身体是有害的</u>。<u>但哭也有好的一面</u>。科学家认为,在流泪的时候,就应该让它流出来,不要强行压抑。因为人们在哭时流出的泪水是含有毒素的,这些毒素排泄出来,于身体有益。

笑是精神愉快的一种表现,一般来说,<u>它对身体是有益的</u>。笑能使肌肉放松,头脑清醒,消除疲劳。笑还可以促进食欲。<u>但有时笑又是有害的</u>。例如,进餐时大笑,容易使食物进入气管;工作时嬉笑打闹,易造成意外事故。

读这篇文章,只要抓住文章里的四句话:"过多的哭泣对身体是有害的","但哭也有好的一面","(笑)对身体是有益的","但有时笑又是有害的",就抓住了这篇文章的主要意思:哭和笑各有好处和坏处。

### 3. 注意把握文章的发展线索

在第一次阅读时,可以在一些重要的词语下划上线,这样,文章的脉络就清楚了,便于掌握全文大意,以后寻找细节的时候也比较方便。如:

<u>天安门</u>不仅是中华民族的象征,而且是世界闻名的古建筑。它的设计者是明代的著名建筑师<u>蒯祥</u>。蒯祥出生在江苏吴县的鱼帆村。<u>1421年</u>,年仅二十一岁的蒯祥设计并建筑了一座木结构牌楼,这就是最早的天安门,原名承天门。<u>1457年7月</u>,明英宗命令白圭主持重建。白圭请蒯祥出谋划策,建成了现在的样子。<u>明朝末年</u>,承天门又被焚毁。<u>1651年</u>,重新修建,并改名为天

安门。

　　根据全文,天安门重建了几次?

A. 一次　　　　B. 两次
C. 三次　　　　D. 四次　　　　　　　　　　(B)

　　这篇文章先介绍了天安门,然后介绍天安门的设计者,接着是按照时间顺序介绍天安门的建造和修建历史。只要抓住每句的开头,就把握住了文章的基本脉络:

　　天安门……它的设计者……蒯祥……1421 年……1457 年 7 月……明朝末年……1651 年……

　　文章中提到了四个时间:① 1421 年,这是第一次建造的时间;② 1457 年,是第一次重建;③ 明朝末年,被焚毁的时间;④ 1651 年,第二次重建的时间。

## (四)如何查找细节

**1. 带着问题找答案**

　　阅读理解题中,有的是考查对整体的理解和把握的,也有的是考查对细节的理解的。在第一次看文章时,我们不一定看得很仔细,只要知道文章的大意就行了。粗略地看完一遍以后,可以先看看文章后面的问题是什么,然后带着这些问题再看一遍文章,寻找问题的答案。如:上面那篇关于天安门的短文,第一次阅读的时候,抓住了文章的脉络就行了。为了回答"重建了几次"的问题,我们可以再一次阅读原文,但是,这一次是带着问题阅读的。由于我们已经掌握了文章的脉络,第二次阅读时很快就可以找到两个关键词语:"重建"、"重新修建"。

　　……<u>1421 年</u>,年仅二十一岁的蒯祥设计并建筑了一座木结构牌楼,这就是最早的天安门,原名承天门。<u>1457 年 7 月</u>,明英宗命令白圭主持**重建**。白圭请蒯祥出谋划策,建成了现在的样子。<u>明朝末年</u>,承天门又被焚毁。<u>1651 年</u>,**重新修建**,并改名为天安门。

**2. 排除与文章细节相矛盾的答案**

　　在阅读理解考试中,我们还会遇到这样的试题,如:文章中没有提到什么?下面哪一个答案是错误/正确的?等等。要做好这样的试题,我们就不仅仅要掌握某一个细节,而且要掌握文章中有关的所有细节。如:

　　羊是生活在陆地上的动物,但也有例外。非洲有一种生活在水里的"水羊",这种羊双角弯长,眼睛是红色的,身体比陆地上的羊大两三倍,肚子下生长着密密的托毛。当地居民养水羊的很多,村旁的小河边,水面上,水羊像鸭子、鹅一样到处可见。水羊以食水草为生,终年生活在水里,很少上陆地。成年的水羊可以像船一样作渡河的工具,也可以宰杀吃肉。

根据这段文字,与陆地上的羊相比,水羊:

A. 活的时间短　　　B. 个头大得多

C. 毛又稀又少　　　D. 肉不太好吃　　　　　（B）

B、C、D在文中都可以找到相关的句子,其中B跟文章里的内容一致,C、D与文章里的内容不一致(见加点部分)。A没有根据。这是综合多个细节,选择与文章中相一致的某个细节。又如,同一篇文章,读后要求回答:

羊是生活在陆地上的动物,但也有例外。非洲有一种生活在水里的"水羊",这种羊双角弯长,眼睛是红色的,身体比陆地上的羊大两三倍,肚子下生长着密密的托毛。当地居民养水羊的很多,村旁的小河边,水面上,水羊像鸭子、鹅一样到处可见。水羊以食水草为生,终年生活在水里,很少上陆地。成年的水羊可以像船一样作渡河的工具,也可以宰杀吃肉。

这段文字没有告诉我们水羊:

A. 吃什么东西　　　B. 眼睛什么颜色

C. 能用来干什么　　D. 是哪国的动物　　　（D）

A、B、C在文章中提到了(见加点部分),只有D没有提到。

## （五）对文章观点进行归纳和推理

### 1. 综合概括

例如:

要不相信流言,需加强自身修养,提高判断能力。据一项调查,男性比女性更易相信流言;文化素质低的比文化素质高的更易相信流言;个人经历不顺的人也更容易听信流言。当然,这是就一般情况而言,与上述情况相反的也不少见。每个人都应从自身的实际出发,不断提高自己的思想道德和文化素质,提高自己辨别是非的能力,做一个不传播流言的人。

这段文章主要分析了流言:

A. 包括哪些类型
B. 容易欺骗哪种人
C. 是什么人制造的
D. 何时何地最易传播　　　　　　　　　　　　　　（B）

这段文章主要是讲了就一般情况而言，哪些人比较容易相信流言，也就是流言容易欺骗哪些人。

要求给文章确定一个恰当的题目，也是考查综合概括能力的一种方式。选择题目的时候，要注意：第一，抓住文章的重点。第二，题目的范围要适当，不宜过大，也不宜过小。如：

> 现在，国际之间的技术贸易增长得特别快，比一般贸易的增长快得多。人们预料，今后技术贸易的比重会愈来愈大。过去完全靠买外国商品过日子，是不好过的。只有引进了技术，解决了自主技术问题以后，这种状况才能改变，因此，现在人们都重视从世界各国引进那些适应本国生产环境、条件的技术。
>
> 技术贸易有两种：一种是硬件贸易，就是买成套设备、元件、部件等；另一种是软件技术贸易、如买经验等，买经验是指请专家指导，或把介绍经验的材料买来。

这篇文章最恰当的题目是：
A. 国际贸易及其发展
B. 技术贸易及其分类
C. 软件贸易及其方式
D. 一般贸易及其比重　　　　　　　　　　　　　　（B）

A范围太大，C范围太小，D不是本文的话题。只有B是恰当的。

## 2. 在原文的基础上作出推理

> 好几次在电视节目中听见节目主持人问对方"你叫什么"，我很反感。如果对方是一个小孩，回答说"我叫毛毛"，或者"我是珍珍"，那倒也显得有些亲切。但对方是一位有名有姓的成年人，这种问法就显得太粗鲁。我国祖传的语汇是很丰富的，如传统的"请问尊姓大名"、"台甫是"，或白话一点的"请问您的姓名"，这不是迂腐而是应有的文明礼貌。我们应把公安部门审问罪犯时的第一句话"你叫什么"和日常交往的语句区别开来。

"台甫是"大概是一种：
A. 粗鲁的说法　　　B. 礼貌的说法
C. 亲切的说法　　　D. 审讯的说法　　　　　　　　（B）

文章中提到了"粗鲁的说法"、"礼貌的说法"、"亲切的说法"、"审讯的说法",其中明确指出"台甫是"这种问法是一种"应有的文明礼貌"。又如:

> 鲍鱼系名种鱼,但鉴于时下近海海水往往被工业废液严重污染,人们在品尝美味鲍鱼的同时,又难免为鱼肉也受到污染而忧心忡忡。于是,日本创办了一个专门生产"安全鲍鱼"的公司。

"安全鲍鱼"的特点是:

    A. 味道鲜美        B. 生长迅速

    C. 长在近海        D. 未受污染        (D)

为什么要创办这样一个公司,生产"安全鲍鱼"呢?从文章中我们可以知道,这是针对人们"鱼肉受到污染"这一担心的(注意文章里的关联词"于是")。那么,现在生产的"安全鲍鱼",其最大的特点就应该是"未受污染"。

有时候是要求从正面内容推测出反面结论。如:

> 如传统的"请问尊姓大名"、"台甫是",或白话一点的"请问您的姓名",这不是迂腐而是应有的文明礼貌。我们应把公安部门审问罪犯时的第一句话"你叫什么"和日常交往的语句区别开来。

"请问尊姓大名"一般不对什么人说?

    A. 罪犯           B. 成年人

    C. 公安人员      D. 节目主持人       (A)

文章并没有直接告诉我们"请问尊姓大名"不对什么人说。但文章告诉我们:(1)"请问尊姓大名"是礼貌用语;(2)审问罪犯时常常用"你叫什么";(3)日常用语应该跟审问罪犯时的话不一样,那么,我们可以推测:"请问尊姓大名"是一般不对罪犯说的。

有时候是要求从一般规律推测出个别结论。如:

> 笑是精神愉快的一种表现,一般来说,它对身体是有益的。笑能使肌肉放松,头脑清醒,消除疲劳。笑还可以促进食欲。但有时笑又是有害的。例如,<u>进餐时大笑,容易使食物进入气管</u>;工作中嬉笑打闹,易造成意外事故。

根据本文,什么时候最好不要大笑:

    A. 听到一个有趣的故事时

    B. 试验获得成功时

    C. 吃最喜欢吃的东西时

D. 工作感到很累时　　　　　　　　　　　　　（C）

文章明确指出"进餐时不应大笑"，这是一般性的概括，这当然也包括了"吃最喜欢吃的东西"这一具体情况。

## （六）领会作者的立场、意图和目的

### 1. 注意语气和口气

作者的语气和口气是贯穿在整篇文章中的。语气和口气与作者的身份、文章的内容、作者的意图、写作的背景等都可能有关系。如：

> 春生子是长白山溪流中的小鱼。这种鱼寿命极短，它春天悄然生来，秋天默然死去。
>
> 人们叫它鱼食。只为大鱼生，专为水鸟长，它们生存的目的就是供给别人吃。善良的人们常常把怜悯廉价地抛给这类小生灵。其实大可不必。当他们葬身别人腹腔肠壁时，必定会满足和庆幸。否则腐烂在污泥之中，这必定是他们极大的悲哀。
>
> 凡生长于自然的生灵必然归宿于自然，只是形式不同罢了。春生子选择了最自然的方式完美地完成了这一永恒的循环，并为之创造了柔顺与和谐。
>
> 作者谈到春生子时是什么口气：
>
> A. 同情　　　　　　B. 赞美
> C. 怜悯　　　　　　D. 悲哀　　　　　　（B）

显然，整篇文章是赞美春生子的。

### 2. 注意作者的着眼点和倾向性

作者在一篇文章中，可能会提到两种或几种不同的观点，不同的情况，不同的方面，它们各有根据，各有理由，作者并不明确地赞成某一方面，反对某一方面，但是，作者在文章里的着眼点可以不同，强调的内容可以不同，表现出某种倾向性。如：

> 无论如何，名人总是名人，名人的形象名誉总是比平常百姓的值钱，因而也更需要保护。但是，既是名人，就不能拒绝社会公众舆论的监督，也没有拒绝公众舆论批评的权利。因为，名人的公众形象并不完全是属于他们自己的，他们是社会精神财富的一部分。至少，就像名人拥有捍卫自己名誉不受侵犯的权利一样，公众则拥有对这种权利品头论足的权利。这种权利也是应当予以尊重并加以特别保护的。

本文特别强调了下列哪种权利？
A. 百姓名誉不受侵犯的权利
B. 公众评论批评名人的权利
C. 名人使用自己财富的权利
D. 名人保护自己名誉的权利                    （B）

文章尽管既肯定了名人保护自己名誉的权利，也肯定了公众评论、批评名人的权利，但全文的用意在于强调后者。

### 3. 推测作者的态度和情绪

作者可能在文章里并没有明确说出自己的态度，但是，从陈述的内容，词语的选择，句子的语气、口气上，我们可以推测出作者的态度和情绪。如：

> 据有关资料，全世界每年沙漠面积扩大 5—7 万平方公里，地球上森林面积已由 19 世纪的 55 亿公顷减少到现在的 28 亿公顷。地球上的动植物的减少也在加速。目前世界上有 60% 的地区水资源不足。另外，日益严重的水污染和大气污染，更加重了人类居住环境的恶化。地球是人类赖以生存的场所。人类必须学会控制自己，不使人口的数量增加到使自己难以生存的地步。

读这段文字使我们感到作者的心情是：
A. 气愤的           B. 不安的
C. 兴奋的           D. 不在乎的              （B）

# 三、训 练

## （一）单项训练

选择在意思上最接近划线部分的答案：

1. <u>按照</u>学校的规定，两门考试不及格者不能升级。
   A. 根据            B. 由于
   C. 除非            D. 通过

2. 这个人很有<u>本事</u>，为我们公司的产品销售做出了很大成绩。
   A. 影响            B. 毅力
   C. 勇气            D. 能力

3. 这条裤子<u>尺寸</u>不合适,我想换一条。
   A. 长短              B. 价钱
   C. 式样              D. 颜色

4. 他刚到那儿的时候,因为不了解当地的风俗习惯,常常<u>出洋相</u>。
   A. 开夜车            B. 闹笑话
   C. 走弯路            D. 伤脑筋

5. 我没跟他<u>打过交道</u>,他到底支持谁,我也不太清楚。
   A. 来往              B. 打架
   C. 聊天              D. 商量

6. 他干起活儿来<u>仿佛</u>不知道什么是疲倦。
   A. 好像              B. 简直
   C. 实在              D. 并非

7. 法律文书,必须字斟句酌,切忌含糊。
   A. 不严肃            B. 不果断
   C. 不明确            D. 不仔细

8. 他知道自己做错了事,心理很<u>难受</u>。
   A. 伤心              B. 困难
   C. 疲劳              D. 为难

9. <u>赞成</u>这项提议的占全体代表的三分之一。
   A. 称赞              B. 拒绝
   C. 反对              D. 同意

10. 我们学校<u>靠</u>马路,外面来往汽车不断,难免影响教学的正常进行。
    A. 接近             B. 依靠
    C. 修建             D. 经过

11. 不要在走廊上说个没完,否则邻居会<u>说话</u>的。

A. 无所谓  B. 提意见
C. 想办法  D. 开玩笑

12. 他在人际关系上显得过分<u>谨慎</u>了。
    A. 随便  B. 客气
    C. 小心  D. 紧张

## （二）专项训练
### 1. 理解文章大意

(A)

春天来了,花儿绽开了蓓蕾,小草现出了绿色……这一切年复一年,就像钟表一样准确。对此,人们不禁要问:是谁告诉植物"春来了"?

最明显的答案是:植物能从气温的升高感知季节的变化。但是,如果仅仅取决于这一点,那么,植物就会把严冬季节中短暂的回暖误认为是春天来了,这种错误的信号对植物是有害的。因此,植物是依据千变万化的环境信息来确定时令的。

许多树的胚芽必须在积累了一定的"冷量"以后才能对气温升高或日照变长等代表春天的气息作出反应。例如,不同品种的苹果胚芽需要在接近冰点的气温下度过1000—1400小时。据认为,只有经过冬天的寒冷才能终止植物的休眠。

虽然还没有人确切知道外界是怎样把时令告诉植物的,但是人们猜测,这些因素引起了植物内部的变化。它们可能造成某种生长抑制激素的破坏和促生长激素的合成。这样,就形成了适当的激素水平,使生长重新开始。

许多球茎同树芽一样,也要在经历了冬天的寒冷之后,才会在春天发芽。种子也是这样。

13. 这篇文章的最恰当的题目是:
    A. 树芽如何积累"冷量"
    B. 植物怎样感知春天
    C. 植物生长和时令变化
    D. 植物内部激素的合成

(B)

　　一些语言学家和心理学家对世界上诸多民族的说话习惯和特点发生了兴趣，他们研究的结论是，世界上说话最快的当数法国人，每分钟能说出350个单词。日本人紧随其后，310个。素来不好多嘴多舌的英国人也荣居第三位，220个。然后是德国人，210个。

　　他们还对不同国家人们的说话手势进行了研究。他们发现，芬兰人说话时一分钟内只做一个手势。意大利人却要打80个手势。法国人更多，120个。而冠军则非墨西哥人莫属，每分钟170个手势，简直像马达一样动个不停。

14. 这篇文章主要介绍了：
   A. 说话手势最多的民族
   B. 说话速度最快的民族
   C. 说话速度与手势的关系
   D. 不同民族说话的速度与手势

(C)

　　地震来临时，至关重要的是要求人们处震不惊，因地制宜地迅速躲避危险。在平房来不及跑出户外的人，可迅速躲到桌子下、床下或墙根；在楼房的人可赶紧躲到厕所、厨房等小开间的地方，切记别跳窗户，更不能使用电梯；在公共场所的人员，就地择物躲藏，切忌蜂拥乱跑；在户外的人员，应该避开高大建筑，汽车、火车应该立即停车。待主震过后，利用强余震间隙，迅速撤离危险区。唐山地震后的调查表明，匆忙逃跑是地震中造成死亡的主要原因之一。当然，也有个别人是从门里跑出获救的。唐山地震前，天津市有一位干部住在西郊某粮库一间平房内，床位正对着门，地震时他迅速跑到屋外，房顶才落下来。他妻子和两个孩子住在市中心，周围房屋林立，地震时母子未敢外出，就躲在家具旁，也保住了性命。他们说，如果当时跑出屋外，十有八九会被附近楼房的砖块砸死。

15. 地震来时怎么办？
   A. 根据环境决定办法
   B. 在房间里躲藏起来
   C. 赶快逃到户外

D. 迅速离开地震区

2. 捕捉所需细节

(A)

翻开中国地图,大西北一片黄褐色的"无人区"赫然入目,这就是举世闻名的塔克拉玛干大沙漠。引起世人关注的克孜儿千佛洞,就在沙漠边缘的库车县西部约70公里处。

据考证,库车县是2000年前亚利安人建立的古龟兹国所在地,也是佛教传入中国的第一站。克孜儿千佛洞建造于公元前3至13世纪,共236个洞,现存壁画画面约10000平方米,是新疆最大的一处佛教文化遗址,全国重点文物保护单位。

早在公元1世纪,约东汉明帝时,佛教就经丝绸之路传入新疆,到公元13、14世纪,佛教在新疆兴盛了1000多年。克孜儿千佛洞,正是在佛教风靡龟兹全国这一大背景下应运而生。开始时规模不是太大,后经历代龟兹王的不懈努力,终于建成了今天这样的复杂完美、浑然一体的古建筑体系。

16. 文章没有提到什么?
  A. 千佛洞的建筑规模
  B. 千佛洞的地理位置
  C. 千佛洞建造的时代
  D. 千佛洞壁画的内容

(B)

笔者最近观察了十几家商店的童装柜台,发现童装不仅花色品种少,而且缺档、缺号严重。具体情况是:一、过季童装多,应季童装少。现在已进入严冬季节,可柜台上摆的几乎大部分是夏令童装,不是连衣裙就是化纤薄料浅色衣裤,涤卡、线呢等厚料外衣很少见到。二、幼童服装多,大童服装少。五岁至十岁男女童装花色品种既少又缺档短号。至于十岁以上的童装就更难买到了。问售货员为什么不多进一些适销对路的童装。答曰:厂家无货。

17. 根据作者观察,下面哪种童装最容易买到:

A. 五岁以下的夏令服装
B. 十岁以上的童装
C. 幼童穿着的冬季外衣
D. 五到十岁的童装

### 3. 进行引申推断

(A)

从什么时间起算是进入春天,古今说法不一。

一说从"立春"开始。按照中国农历传统的说法,春天是从立春到立夏,其理由是"立春"为二十四节气之首。立春一般在阳历的二月四号或五号,也正好处于春节前后的十天之内。在古代,是以立春为春节,后来改为正月初一为春节。二说是中国农历的春天,指正月、二月、三月。正月称为"初春"或"元春";二月称为"早春"或"仲春";三月称"阳春"、"季春"或"暮春"。三是现代气象学上的规定:春天的标准温度,是平均气温十摄氏度至二十摄氏度。

中国幅员辽阔,还是以气温为标准确定春天到来的迟早较为科学。广州大约是11月1日左右春天就开始了,上海大约是3月27日,北京大约是4月1日,乌鲁木齐大约是4月26日左右。

18. 下面哪种说法正确?
A. 古代的春天比现在暖和一些
B. "立春"是农历的最后一个节气
C. 春节一般在阳历的二月四号或五号
D. 上海四月的平均气温在十摄氏度以上

(B)

有一著名学者多次对人脑进行脑功能的测试后发现:上午八时人脑具有严谨、周密的思考能力,下午二时思考力最敏捷,而晚上八时却是记忆力最强的时候;但逻辑推理能力在白天十二小时之内是逐渐减弱的。

19. 从这段文字可以看出,背诵单词最好是在:
A. 上午八点　　　　　B. 晚上八点
C. 下午两点　　　　　D. 中午十二点

20. 归纳、分析问题最好是在：
   A. 早上　　　　　　　　B. 中午
   C. 晚上　　　　　　　　D. 半夜

## 4. 领会态度情绪

(A)

由于家庭诸因素的演变，近年来社会上出现了对老年公寓的越来越大的需求和呼声，建设一些老年公寓是应该积极考虑和安排的。但是，是大量发展老年公寓一类福利设施让大多数老年人去居住好，还是由家庭成员、亲属来照料好呢？这是涉及到今后养老方式的重大问题。许多西方发达国家，在经济尚不发达时，也是家庭养老；进入工业化后，近几十年来增加养老福利设施，走高福利的道路。这些国家为此背上沉重的经济负担，也给老年人带来一些于身心不利的影响。从我国现在和今后相当长一段时期的财力看，无法大量兴建老年福利设施。由于老年公寓存在的一些固有缺陷，我认为今后国家可以适当发展一些老年公寓，解决那些确有必要入住的老年人的需要；但其发展规模、数量应该以社区老年人口的发展比例来决定，纳入社区总体规划中，不应该盲目发展。国家可以利用这些资金大量发展那些项目投入相对小些、社会收益相对大些的社区福利事业。

21. 作者对发展老年公寓的态度是：
   A. 这是最好的养老方式　　B. 应该重点发展
   C. 要加以限制　　　　　　D. 坚决反对

(B)

虽然我国绿化和植树造林成绩很大，但近五年来，全国森林资源总量增长十分缓慢，森林覆盖率年增长只有0.036%，仅相当于增加有林面积540万亩。俗话说"十年树木"，砍掉的大部分是大树，即使覆盖率增大了，并不等于林木蓄积量就增加了。相当一部分省、市、自治区森林覆盖率不增反减。其中最突出、最严重的问题是森林资源保护不力，有法不依。我国是一个少林国家，森林覆盖率只有13.92%，人均占有林木蓄积量只有世界的百分之十几。13亿人的木材需求量相当惊人,而林木的利用率却非常低。木材的供需矛盾导致林区为追求眼前经济利益大量超限额采伐。

22. 作者的口气是:
   A. 气愤　　　　　　　　B. 不安
   C. 激动　　　　　　　　D. 怀疑

## (三) 综合训练

### (A)

12月17日上午,陈先生到一家超市购物,在挑选了四包虾仁之后,便赶去上班,到了单位,他想起刚才出门离去时忘了付款,就急忙赶到该超市。向营业员说明情况以后,马上要求补上货款。孰料,一摸口袋才发现,由于换了工作服,钱包没带来。他马上拿出工作证,对小姐说:"证件先放在这里,过十分钟拿钞票送过来。"谁知,小姐脸一板,说:"既然回来了,钞票不付就别想走。"陈先生跟她耐心商量,但她执意不放他走,最后,还是陈先生的同事拿钱把他"赎"出了超市。

23. 本文的主要用意是:
   A. 赞扬陈先生的行为　　　B. 批评营业员的工作方式
   C. 提醒广大顾客别忘了付款　D. 讨论超市经营方式的缺陷

24. 陈先生赶回超市是为了:
   A. 付钱　　　　　　　　B. 拿虾仁
   C. 出示工作证　　　　　D. 请营业员等十分钟

25. 陈先生最后很可能是怎么离开超市的?
   A. 找到超市经理,说明情况
   B. 与小姐反复商量,把小姐感动了
   C. 给同事打电话,请他们送钱来
   D. 送回买的虾仁,"赎"出了自己

(B)

大蒜为百合科植物，分紫皮蒜和白皮蒜两种，味辛性温，既是天然食品，又是药用植物。在磺胺、抗生素药物问世之前，许多国家多用大蒜作为杀菌的重要药物。研究表明：紫皮蒜浸出液对肠胃道多种致病真菌有强有力的抑制或杀灭作用。

随着科技进步，对大蒜的化学成分的研究也在不断深入，其作用也越来越广泛。医学工作者在分析大蒜的28种化学成分的过程中，发现大蒜在破碎时氨基酸成分经酶的作用可分解产生出一种植物挥发油——大蒜素；其水溶性提取物和大蒜粉等影响人体的脂质合成，并能减慢心率，扩张血管；尤其是大蒜油，可以维持血浆、胆固醇等的正常水平，改善动脉粥样硬化程度。为此，科技人员开发出蒜精胶丸，以方便人们服用。

26. 本文最恰当的题目是：
   A. 大蒜的分类及其特性　　　B. 大蒜的化学成分
   C. 大蒜药用价值的新发现　　D. 大蒜的特点和用途

27. 根据本文，蒜精胶丸的作用是：
   A. 治疗心血管疾病　　　　　B. 治疗肠胃道疾病
   C. 抑制或杀灭细菌　　　　　D. 增强人体抵抗力

(C)

孩子的寒假活动由谁安排？调查显示：由孩子自己安排的占67%，由家长安排的占26%，由家长和孩子商量后安排的占5%，另有2%的家长不置可否，放任自流。其实，所谓孩子自行安排，也往往是在父母划定的大框框之下的"牵线风筝"式的有限自由。一般而言，年龄越小，家长安排的成分越多。事实上，学校布置的寒假作业是必须排上寒假日程表的，家长的意图也是决定性因素，真正让孩子自主的余地并不大。

60.04%的家长认为，寒假中孩子最重要的任务是补习功课或预习功课。一些家长嫌学校布置的作业不够，便自己给孩子加任务。寒假本应是学生们充分休息放松的时候，如今，他们只能在大量作业的陪伴下苦熬了。

28. 文章说明，孩子的寒假活动主要由：

A. 孩子自己决定 　　　　　B. 孩子和家长共同决定
C. 家长决定 　　　　　　　D. 学校决定

29. 寒假期间,学生们:
A. 忙于做功课 　　　　　　B. 充分休息放松
C. 没有寒假作业 　　　　　D. 可以自由地活动

(D)

有些科学家认为,既然猫能吃荤也能吃素,那么,同为猫科动物的狮、虎也应该荤素都能吃。其实,猫和狮、虎的素质结构是不一样的,猫身上有蛋白酶、脂肪酶、淀粉酶,而狮、虎体内没有后面一种。

奥地利科学家培恩斯顿研究出一种富有淀粉酶的注射液,定时分次将它注入狮、虎体内,狮、虎居然也能吃一些素食了。然而半年之后,也能吃素食的狮、虎的兽性渐变,威猛渐失,几乎成了巨大的可以任人摆布的变态猫。

30. 狮子和老虎体内有:
A. 淀粉酶 　　　　　　　　B. 蛋白酶、脂肪酶
C. 蛋白酶、脂肪酶、淀粉酶　D. 蛋白酶、淀粉酶

31. 注射了淀粉酶以后,狮子和老虎:
A. 身体素质结构不变 　　　B. 饮食习惯不变
C. 性情不变 　　　　　　　D. 体形不变

# 阅读理解训练参考答案

| | | | |
|---|---|---|---|
| 1. A | 2. D | 3. A | 4. B |
| 5. A | 6. A | 7. C | 8. A |
| 9. D | 10. A | 11. B | 12. C |
| 13. B | 14. D | 15. A | 16. D |
| 17. A | 18. D | 19. B | 20. A |
| 21. C | 22. B | 23. B | 24. A |
| 25. C | 26. C | 27. A | 28. C |
| 29. A | 30. B | 31. D | |

# 第四项 综合填空

## 一、说 明

"综合填空"这一项共40道试题,30分钟完成。每道试题的答题时间为45秒左右。主要测试考生根据上下文综合运用汉语的能力和在综合理解基础上书写常用汉字的能力。它由两部分组成:第一部分,词语填空;第二部分,汉字填空。下面分别说明。

(一)词语填空。这一部分共24道试题。它选取多种不同用途的综合材料,每段材料都有若干个空儿(空儿中标有题目序号),每个空儿都有四个供选择的词语,要求考生根据上下文的意思从中选择最恰当的词语(在答案上划出字母)。如:

国外一些医学家们认为,当今人们在生活中有一种__1__的疾病"时间病"。指人为时间所迫而感到__2__、紧张,甚至因此而__3__旧病复发,如冠心病、中风等。

1. A. 常规      B. 常见
   C. 日常      D. 常常     (B)
2. A. 健康      B. 高兴
   C. 烦躁      D. 麻烦     (C)
3. A. 发现      B. 引申
   C. 发起      D. 引起     (D)

这段文字中有三个空儿。第一个空儿,根据对词义的辨析,恰当的意思是"常见的疾病",所以应该选择答案B。第二个空儿,根据对内容的理解,恰当的意思是"感到烦躁",所以应该选择答案C。第三个空儿,根据词语的搭配,恰当的意思是"引起旧病复发",所以应该选择答案D。这一部分试题,题目一般都比较长,被选择项的情况一般也比较复杂。试题的目的,是考查考生综合理解和运用语言的能力以及对同义词或近义词的辨析能力。这一部分被选择的答案,《汉语水平词汇等级大纲》中的甲级词、乙级词、丙级词、丁级词都有。从词性上来看,包括名词、动词、形容词、介词、助词、连词、代词、副词等。

词语填空部分常见的命题角度有这样几种。

**1. 考查对上下文意思的理解**

孤立地看,一个空儿有四个供选择的词语,有时候似乎很难确定应该选择哪一个,但是把上下文的意思联系起来一看,恰当的答案就只有一个。举一个简单的例子,如:

我也往家里写信,不过都很_____,三言两语草草了事。

  A. 多　　　　　　　B. 少
  C. 长　　　　　　　D. 短　　　　　　　(D)

"我也往家里写信,不过都很怎么样",这里提出的是一个信的篇幅的问题,也就是信的长短的问题。后面的一句"三言两语草草了事"告诉我们:信一定写得很短。所以应该选择 D。

这一类题目可以看出考生的语篇表达能力。如果对上下文意思理解正确,选择的答案就恰当,语篇也就连贯。

**2. 考查对词义的辨析**

汉语中有许多意义相同或相近的词语,如:"战争"和"战役"、"依靠"和"依赖"、"交换"和"交流"。从表面上看,它们没有什么区别,但是实际上它们在词义的细化、感情的褒贬和词语的搭配等许多方面还是有区别的。这就需要我们仔细地加以分辨。如:

我在南开大学期间,家书也多了起来,母亲不__1__字,家里的信都是父亲、妹妹或弟弟写来的;我也往家里写信,不过都很__2__,三言两语草草了事。大妹学着我的做法更改进了一步:"哥:家中__3__都好,勿念。"这真让我哭笑不得。母亲告诉我父亲:"写信给他说,再写三言两语,不用往家里寄了。"其实父亲的信也很短,下面的话是:"__4__不必往家写信,工作忙,写了信也不及时给你回了。"就这些。

  1. A. 通　　　　　　B. 知
    C. 识　　　　　　D. 解　　　　　　(C)
  2. A. 多　　　　　　B. 少
    C. 长　　　　　　D. 短　　　　　　(D)
  3. A. 一切　　　　　　B. 全部
    C. 所有　　　　　　D. 任何　　　　　(A)

4. A. 有空 B. 往常
   C. 随时 D. 没事 （D）

这里的第一个空儿的选择项"通"、"知"、"识"、"解",第二个空儿的选择项"多"和"长"以及"少"和"短",分别属于相同词类的同义词或近义词。第一个空儿的选择项"通"、"知"、"识"、"解"都是动词,第二个空儿的选择项"多"和"长"以及"少"和"短"都是形容词。第三个空儿的选择项"一切"、"全部"、"所有"、"任何"属于不同词类的同义词或近义词。"一切"是代词,"全部"是名词,"所有"是形容词,"任何"是代词。第四个空儿的选择项"有空"、"往常"、"随时"、"没事"则更复杂一些。"有空"由一个动词和一个名词组成,"往常"是名词,"随时"是副词,"没事"也由一个动词和一个名词组成。据此,我们可以把考查对词义的辨析大致归纳为以下三种情况:

（A）考查对相同词类中的同义词或近义词的辨析。

（B）考查对不同词类中的同义词或近义词的辨析。

（C）考查对其他词语的辨析。

（二）汉字填空。这一部分共16道试题。它主要从考生常见的应用文中选取语料;每段语料中都有若干个空儿（空儿中标有题目序号）,要求考生根据上下文的意思在答卷上的每一个空格中各填写一个最恰当的汉字（每个空格中只能写一个汉字）。如:

征　婚

女,38岁,身高1.63米,在本市某事业单位做财务工作,品貌兼优,__1__格开朗,爱好文艺,重感情,离异。有一11岁的男孩。觅48岁以下,又爱孩子的男士,有愿者请信寄北京1611信__2__杨志清收转。有信必复,邮__3__编码:100101

1. 性
2. 箱
3. 政

这部分试题,主要测试考生在理解语篇的基础上,书写汉字的能力。它是汉语水平考试（初中等）试题中惟一的半主观性试题,难度并不大。语料的内容,涉及书信、便条、启示、海报、通知、广告、请柬、摘要等等常见的应用文体。

这一类题目需要填写的汉字本身并不太难,关键是要理解上下文,确定在特定的上下文中应该选择哪一个字。如第三个空儿,由"邮"字组成的词,可以是"邮局"、"邮寄",也可以是"邮政"、"邮电",等等。根据对语篇大意的理解,你可以肯定地选择一个"政"字。

# 二、应试指导

　　这里我们针对第四项综合填空,作一些答题技巧上的指导。和前面三项一样,首先,你得掌握好时间。也就是说,你必须在规定的30分钟时间里完成这40道试题。包括阅读、理解、思考和选择、书写。你要完成试题,当然,你先得看懂那些语料和试题。一般来说,综合填空部分的语料和试题中的字和词,难度并不会太大。但是,有的时候,你还是会遇到几个没有学过的或者虽然学过却又忘了的词,和阅读理解部分答题时一样,你不必紧张。你可以通过猜测词义的办法,从字形,从字义,从上下文来进行猜测,帮助理解。在这样的前提条件下,我们可以运用以下一些方法来完成这个部分的考试:

## (一)根据上下文的意思来判断

　　根据上下文的意思来判断,这是词语填空和汉字填空的一个重要方法。而理解语意则是解题的前提。
　　词语填空,如:

　　　据悉,现在中学生最热衷的三件事是:听歌、旅游、看广告。另一项调查__1__表明,在中国城市__2__中,大约有80%的小孩最喜欢看的电视节目是广告。由此探讨一下电视__3__中男女人物的角色形象则是一件很有意义的事。因为心理学家认为这些形象对少年儿童形成男人、女人角色概念会起到重要作用。

1. A. 结果　　　　　　B. 事件
　　C. 节目　　　　　　D. 活动　　　　　　(A)
2. A. 青年　　　　　　B. 成人
　　C. 儿童　　　　　　D. 老人　　　　　　(C)
3. A. 节目　　　　　　B. 广告
　　C. 形象　　　　　　D. 新闻　　　　　　(B)

　　孤立地看,第一个空儿的答案在"调查"的后面使用"结果"、"事件"、"节目"、"活动"四个词语似乎都可以。但是联系下面的文字一看,已经有了明确的结论了,惟一恰当的词语应该是A。
　　孤立地看,第二个空儿的答案在"中国的城市"后面使用"青年"、"成人"、"儿童"、"老人"四个词语似乎都可以。但是联系后半个句子关于"大约有80%的小孩"的说明,惟一恰当的词语就只能是 **C** 了。

孤立地看,第三个空儿的答案在"电视"的后面使用"节目"、"广告"、"形象"、"新闻"四个词语似乎都可以。但是联系前面的文字,在两个句子中谈到的都是关于"广告",所以惟一恰当的词语就肯定是 **B** 了。

汉字填空,如:

1992年元__1__按规定元月一日放假一天,为__2__于安排工作,1991年12月29日(星期日)不休__3__,元月二日(星期四)补休一天,元月三日(星期五)照常上班。企业单位可根据__4__自的条件自行安排。

孤立地看,第一个空儿应该填写什么汉字不太清楚,联系下文元月一日放假一天,你马上能确定是指"元旦"这个节日,而不可能是"元宵"或是别的"元"什么。所以,你得填写一个"旦"字。

孤立地看,第二个空儿也有很多汉字可以填写,如"由于"、"对于"、"关于"、"便于"、"安于",联系下面的内容,要把两个休息日放在一起,这是为了方便于安排工作,所以,这里应该填写一个"便"字。

因为这个通知讲的是关于节日放假休息的事儿,所以,第三个空儿在"休"字的后面就需要填上一个"休息"的"息"字了。

至于最后一句的意思,就是:按照以上的精神,各个企业单位可以根据各个单位自己的条件,由自己来进行安排。所以,第四个空儿填写"各自"的"各"字就最为恰当了。

## (二) 通过同义词或近义词的辨析来选择

同义词或近义词之间的差别是细微的,我们可以从以下几个方面来进行辨析。

### 1. 从词义的性质和范围上来辨析

第一,感情色彩不同。有些基本意义相同的词,具有不同的感情色彩。有的词含有好的或者赞许的意思,叫做褒义词;有的词含有坏的或者不赞成的意思,叫做贬义词。如:"依靠"和"依赖"、"团结"和"勾结"、"成果"和"后果"、"含蓄"和"含混"、"顽强"和"顽固"、"果断"和"武断"。这几对同义词,前面的一个都是褒义词,后面的一个都是贬义词。

第二,语义轻重不同。有些事物概念相同的词,具有不同的语义程度。有的词语义轻些,有的词语义重些。如:"请求"和"恳求"、"爱好"和"嗜好"、"缺点"和"错误"、"优良"和"优异"、"损坏"和"毁坏"、"固执"和"顽固"。这几对同义词,前面的一个语义轻些,后面的一个语义重些。

第三,范围大小不同。有些关于同一种事物的词,所指的范围大小不同。有的词所指的范围较小,有的词所指的范围较大。如:"时间"和"时期"、"事件"和"事情"、"战役"和"战争"、"灾荒"和"灾难"、"屋子"和"房屋"、"品质"和"性质"。这几对同义词,前面的一个所指的范围较小,后面的一个所指的范围较大。

第四,具体概括不同。有些指同样的事物的词,有个体义和集合义的不同,有的词指的是具体的、个别的意义,有的词指的是概括的、集体的意义。如:"车"和"车辆"、"船"和"船只"、"书"和"书籍"、"纸"和"纸张"、"信"和"信件","树"和"树木"。这几对同义词,前面的一个具有个体义,后面的一个具有集合义。

第五,适应对象不同。有些基本概念相同的词,适应的对象却各不相同。有的词适用于对上,有的词适用于对下;有的词适用于对己,有的词适用于对人;有的词适用于对消极的事物,有的词适用于对积极的事物;等等。如:"爱戴"和"爱护","爱戴"适用于对上,"爱护"适用于对下。"表达"和"传达","表达"适用于对自己,"传达"适用于对他人。"改进"和"改正","改进"适用于对积极的事物,"改正"适用于对消极的事物。"保卫"和"保护","保卫"适用于重大的事物,"保护"适用于一般的事物。"充足"和"充分","充足"适用于具体的事物,"充分"适用于抽象的事物。等等。

**2. 从词的用法上来辨析**

第一,搭配关系不同。有些基本意义相同的词,在使用的时候需要和不同的词进行搭配,而且这种搭配关系往往是比较固定的,不能随便混淆。如:"改进"和"改善","改进"经常与"工作"、"方法"、"作风"等搭配,"改善"经常与"生活"、"条件"、"关系"等搭配。"担负"和"担任","担负"经常与"任务"、"责任"等搭配,"担任"经常与"职务"、"工作"等搭配。"保持"和"维持","保持"经常与"安静"、"平衡"、"清洁"等搭配,"维持"经常与"秩序"、"现状"、"生活"等搭配。"交流"和"交换","交流"经常与"经验"、"思想"等搭配,"交换"经常与"看法"、"意见"等搭配。"执行"和"履行","执行"经常与"任务"、"命令"等搭配,"履行"经常与"义务"、"合同"等搭配。

第二,语法功能不同。有些意义相同的词,词性不同,语法功能也不同。词性不同的同义词,如:"所有"和"一切","所有"是形容词,"一切"是代词。"刚刚"和"刚才","刚刚"是副词,"刚才"是名词。"充满"和"充分","充满"是动词,"充分"是形容词。语法功能不同的同义词,如:"刚刚"和"刚才"。"刚刚"是副词,只能用在动词前,不能用在别的位置上。如:"她刚刚出去。""小李刚刚满二十岁。""刚才"是名词,不受这个限制。用"刚刚"的句子,动词后面可以用表示时量的词语,"刚才"不行。可以说:"他们刚刚来了两天。""老张刚刚走了一会儿。"不能说:"他们刚才来了两天。""老张刚才走了一会儿。""所有"和"一切"都可以修饰名词。但是,"所有"修饰名词可以带"的",也可以不带"的"。"一切"修饰名词,不能带"的"。可以说:"所有的问题都解决了。""所有问题都解决了。""一切问题都解决了。"不能说:"一切的问题都解决了。""所有"着重指一定范围内某种事物的全部数量,"一切"必指某种事物所包含的全部类别。"所有的困难都解决了"指特定数量的困难。"一切困难都不怕"指各种各样的困难。"所有"可以修饰可以分类的事物,也可以修饰不能分类的事物。"一切"只能修饰可以分类的事物,不能修饰不能分类的事物。可以说:"所有固体都有固定的形状。""所有面包都吃完了。""一切固体都有固定的形状。"但是,不能说:"一切面包都吃完了。"

**3. 从语体风格上来辨析**

第一,适用场合不同。有些意思相同的词,适用的场合并不相同。如:"先生"、"丈夫"和"老公","夫人"、"妻子"和"老婆"。"先生"、"夫人"适用于庄重的场合,"丈夫"、"妻子"适用于一般的场合,"老公"、"老婆"适用于土俗的场合。

第二,口头、书面不同。有些词适合于口头表达,比较通俗;有些词适合于书面表达,比较庄重。如:"爷爷"和"祖父"、"奶奶"和"祖母"、"漂亮"和"美丽"、"吃饭"和"就餐"、"剃头"和"理发"。这几对同义词,前面的一个适用于口语,后面的一个适用于书写。

第三,普通、特殊不同。在意义相同的词中,有些词在一般情况下使用,有些词在特殊情况下使用,这就是所谓的普通用语和特殊用语。如:"现在"和"兹"、"私下"和"擅自"、"寂寞"和"寂寥"、"光亮"和"晶莹"、"爬行"和"匍匐"、"黎明"和"拂晓"。前面的一个是普通用语,后面的一个是特殊用语。

## （三）按照汉字的结构来书写

在完成汉字填空的过程中，除了要根据上下文的意思和通过同义词或近义词的辨析来确定需要填写的内容以外，还需要按照汉字的结构来进行书写。

第一，注意汉字笔画的书写。汉字笔画的基本形式和变形加在一起，一共有八种。这就是：点（丶）、横（一）、竖（丨）、撇（丿）、捺（㇏）、挑（㇀）、钩（亅㇂）㇉㇄）、折（㇕㇆㇀㇇）。

第二，注意汉字偏旁的书写。汉字的偏旁中，有些本身是一个字，当字作为偏旁用的时候，有些形体上稍有改变。如："人"变为"亻"，"手"变为"扌"，"刀"变为"刂"，"水"变为"氵"，"火"变为"灬"，"犬"变为"犭"，"示"变为"礻"，"衣"变为"衤"，等等。

第三，注意汉字部位的书写。偏旁的笔画有多有少，放在一定的部位上，大小要起变化，否则就不能保持偏旁之间的平衡。如：在"人"、"从"、"众"里的"人"，在"木"、"林"、"森"里的"木"，在"口"、"吕"、"品"里的"口"，大小就不一样。

第四，了解汉字的结构方式。这有助于更好地掌握和书写汉字。

（A）象形。也就是用线条来描画事物的形状。如："人"、"木"、"火"、"日"、"月"、"门"，等等。

（B）指事。也就是用抽象的符号组成，或者在象形符号上加上指示性的抽象符号。如："二"、"旦"、"本"、"上"、"下"、"刃"，等等。

（C）会意。也就是用两个或两个以上的符号合起来，即用两个或两个以上的偏旁组合成字。如："明"、"看"、"林"、"从"、"休"、"伐"，等等。

（D）形声。也就是半意半音的结构方式。如："河"、"期"、"花"、"盲"、"问"、"裹"，等等。

## （四）综合运用多种方法来解题

综合填空中的词语填空和汉字填空两个部分的考题，有些相对来说简单一些，有些则比较复杂。但是，不管怎么样，每一个语段中需要考生选择的词语或者填写的汉字，都不会只有一个，有些还会多达十个。因此，在解题的过程中，往往不能依靠单一的方法，而需要综合运用多种多样的方法。下面分几种情况来说明。

第一，语段中考题比较少的。如：

昨天我们去参观了一个展览。展览会上的工艺品件件都很__1__,尤其是玛丽买的这一件,又美观,又__2__。

1. A. 精确　　　　　　B. 精致
   C. 精彩　　　　　　D. 精神　　　　　　　（B）
2. A. 实用　　　　　　B. 实在
   C. 实际　　　　　　D. 实惠　　　　　　　（A）

先阅读一遍,知道这里两个空儿要求选择的都是关于说明工艺品怎么样的词语。

先看第一个空儿,选择项"精确"是非常准确的意思,选择项"精致"是精巧细致的意思,选择项"精彩"是指表演、文章等很出色,选择项"精神"是活跃、有生气的意思。所以,这里惟一恰当的词语应该是"精致"。

再看第二个空儿,选择项"实用"是有实际使用价值的意思,选择项"实在"是指工作扎实、不马虎,选择项"实际"是合乎事实的意思,选择项"实惠"是有实际的好处的意思。因此,这里惟一恰当的词语应该是"实用"。

甲:饭菜都摆好了,大家__1__吧。
乙:来来来,大伙儿举杯,干杯!
丙:找个__2__的机会,再叫上王文,到我家好好聚一聚。
甲:好极了。

1. A. 动作　　　　　　B. 动员
   C. 动手　　　　　　D. 动身　　　　　　　（C）
2. A. 适用　　　　　　B. 适应
   C. 适合　　　　　　D. 适当　　　　　　　（D）

先阅读一遍,知道这里的内容是吃饭前的谈话。

先看第一个空儿,饭菜都已经摆好,大家应该做什么呢?选择项"动作"是活动的意思,选择项"动员"是发动的意思,选择项"动手"是开始的意思,选择项"动身"是出发的意思。很清楚,这里惟一恰当的词语应该是"动手"。

再看第二个空儿,找个怎么样的机会呢?选择项"适用"是适合使用的意思,选择项"适应"是适合什么样的客观条件的意思,选择项"适合"是符合什么样的实际情况的意思,选择项"适当"是合适、妥当的意思。所以,这里惟一恰当的词语应该是"适当"。

她是中国人民解放军著__1__运动员。1972年入北京体育学院,后参__2__人民解放军八一女排,1976年被选入国家排球队。

这段话的两个空儿中要求分别填写两个汉字。

读完这段话,你知道这是在介绍一位运动员。

第一个空儿要求填写的是形容词定语,即一位怎么样的运动员。它给了你一个"著"字,你比较容易地会想到填写一个"名"字,意思是:她是一位著名的运动员。

第二个空儿要求填写的是动词谓语,即她后来做什么。它给了你一个"参"字,你很自然地会想到填写一个"加"字,意思是"参加了八一女排"。

  他是一位编辑,每天坚持读书、写作。早上六点钟便坐在书桌前开___1___工作了。最___2___一个时期,他正在写一些回忆文章。

这段话的两个空儿中要求分别填写两个汉字。

读了这段话,你知道这里讲的是一位编辑的工作。

第一个空儿要求填写的是动词"开"什么,早上六点钟就进行工作了,可供选择的词有"开头"、"开初"、"开展"、"开始",用哪一个呢?"开头"、"开初"都是名词,用在这儿不合适,"开展"是使从小向大发展的意思,用来指书桌前的工作不恰当,"开始"指着手进行,用在这儿正合适,所以第一个空儿应该填上一个"始"字。

第二个空儿应该填写什么字呢?后面一句"他正在写一些回忆文章"告诉我们,现在他在写回忆文章,这里指的不是很久以前或是将来,所以第二个空儿填上一个"近"字是最为恰当的。

第二,语段中考题多一些的。如:

  到2000年,中国的家庭将会怎样___1___?社会___2___家邓伟志所著的《家庭的明天》做了预测。

  出生___3___不必像现在这样采取强硬措施,人们就会自觉地少生,___4___不生。

  1. A. 呢      B. 吗  
    C. 了      D. 着    (A)

  2. A. 者      B. 学  
    C. 的      D. 人    (B)

  3. A. 地      B. 日  
    C. 率      D. 时    (C)

  4. A. 甚至      B. 而且

C. 都　　　　　　D. 也　　　　　　　　（A）

读过这段话,你知道这儿说的是关于家庭和人口。

先看第一个空儿,到2000年,中国的家庭将会怎样,这里需要考生选择的是一个语气词或者时态助词。选择项"了",表示完成态,指明动作已经完成。选择项"着"表示进行态,指明动作在进行。显然,这两项对于还没有到来的2000年不适用。选择项"吗"是是非问句的专用语气词,不能用在"中国的家庭将会怎样"这个特指问句中,所以,这里惟一恰当的词语应该是语气词"呢"。

再看第二个空儿,"社会"的后面、"家"的前面应该选择哪个字呢?是"者"、"学"、助词"的",还是名词"人"?与人的名字"邓伟志"连在一起看,"社会者家邓伟志"、"社会的家邓伟志"、"社会人家邓伟志",显然不行,只有"社会学家邓伟志"才对,所以,这里恰当的词语应该是"学"字。

接下来看第三个空儿,"出生"的后面应该选择哪个字呢?联系下文"人们就会自觉地少生"和"不生",这里讲的不是关于出生的地点、出生的日期或者出生的时间,而是关于出生的比率。所以,这里恰当的词语应该是一个"率"字。

最后再来看第四个空儿,联系上文,这儿讲的是将来的人口出生率问题。将来,不必像现在这样采取强硬措施,人们就会自觉地少生或者不生。选择哪一个词语呢?副词"都"和"也"显然不合适,连词"甚至"和"而且"哪一个更合适呢?关于出生率的问题,从"多生"到"少生"是一种递进关系,可以用"而且"来连接。但是,这儿的"不生"表明事情已经达到了极至,也就是最大的限度。所以,在"不生"的前面用"甚至"来连接更为恰当。

我和小张是中学的同学,在___1___长的一段时间里,我们同吃同住同学习,___2___很深。有一天,我起___3___特别早,早晨又没吃早饭,上课时___4___很不舒服,小张马上要了一辆出租车___5___我送回了家。

1. A. 相对　　　　　B. 相当
   C. 相互　　　　　D. 相反　　　　　　（B）
2. A. 感冒　　　　　B. 感觉
   C. 感想　　　　　D. 感情　　　　　　（D）
3. A. 地　　　　　　B. 的
   C. 得　　　　　　D. 了　　　　　　　（C）
4. A. 感到　　　　　B. 知道

    C. 认为             D. 发觉              （A）

5. A. 叫             B. 被

    C. 把              C. 使               （C）

    先大概地读一遍，知道这一段文字讲的是关于同学之间的友情。

    第一个空儿在"长"字前面应该选择哪一个词语呢？选择项"相对"，具有比较的意思，但是在这段文字中没有比较的对象。选择项"相互"、选择项"相反"都不能修饰"长"字。而选择项"相当"，表示程度高，但不到"很"的程度，用来修饰"长"字，放在"一段时间"的前面正合适。所以，惟一恰当的词语是"相当"。

    第二个空儿在"很深"的前面应该选择哪一个词语呢？感冒厉害的话，应该说"很重"。感觉不错的话，应该说"很好"。感想不少的话，应该说"很多"。只有感情怎么样，才能说"很深"。所以，这里应该选择"感情"。

    第三个空儿动词"起"的后面应该用哪一个字呢？"地"字一般附着在形容词后面表示它前面的是状语，"的"字一般应该放在名词前面表示它前面的是定语，"得"字则可以跟在动词后面表示它后面的是补语。"了"字如果和动词一起作谓语的话，后面的宾语应该是名词性的。所以，在这儿惟一恰当的词语应该是"得"。

    第四个空儿"很不舒服"的前面应该选择哪个动词呢？由于是我自己的感觉，因而，不是我知道不知道的问题，不是我认为怎么样的问题，也不是我发觉了什么的问题，而是我感到怎么样的问题。所以，在这儿恰当的词语是"感到"。

    第五个空儿意思是我不舒服，小张送我回了家。选择项"叫"，小张"叫我送回了家"，是"小张让我把他送回了家"或者"小张让我送他回了家"的意思，是小张回了家，而不是我。选择项"被"，小张"被我送回了家"，也是小张回了家的意思。选择项"使"，说小张"使我回了家"可以，但这里是说小张，"使我送回了家"，句子不通。"叫"、"被"、"使"都不行，这里只能选择"把"，小张"把我送回了家"的意思才是我回了家。

    早晨五点多钟，马路上来往的人还不多，一位五十多岁的老大娘正在扫地，忽然，一个留着长头发，穿得很__1__的小伙子，推着一辆自行车走了__2__。老大娘正低着头看着地上，不__3__把土扬到小伙子的裤子上。她连忙__4__起头，对小伙子说："对不起，__5__对不起！"

    1. A. 漂亮           B. 美丽

        C. 美好           D. 优美              （A）

2. A. 来　　　　　　B. 过来
   C. 过去　　　　　D. 起来　　　　　（B）
3. A. 看见　　　　　B. 知道
   C. 小心　　　　　D. 细心　　　　　（C）
4. A. 抬　　　　　　B. 举
   C. 转　　　　　　D. 提　　　　　　（A）
5. A. 多么　　　　　B. 真正
   C. 特别　　　　　D. 实在　　　　　（D）

这一段文字说的是发生在马路上的一件事情。

第一个空儿说的是穿得很怎么样的小伙子。"美好"、"优美"显然不能用来形容人,"美丽"一般用来形容姑娘,所以,这里惟一恰当的选择是"漂亮"。

第二个空儿"小伙子走了"的后面要填写补语。老大娘在扫地,小伙子向着老大娘这边走,如果没有"了"字的话,可以说"推着一辆自行车走来",但是有了"了"字的话,不行,也就是不可以说"推着一辆自行车走了来"。也正因为我们是以老大娘的位置为着眼点的,并且没有表示动作开始的意思。所以,这里不能说"走了过去"或者"走了起来",而应该说"走了过来"。

第三个空儿联系前面的一句话,"老大娘正低着头看着地上",所以,不能说她"不看见把土扬到小伙子的裤子上",联系后面的一句话,她连忙"对小伙子说:'对不起,对不起!'"也不能说她"不知道把土扬到小伙子的裤子上"。不"小心"是不注意的意思,不"细心"是用心不细密的意思。显然,这里选择"小心"最为恰当。

第四个空儿要求选择动词。在选择的时候,不但要把动词后面的宾语联系起来看,还要把动词后面的补语联系在一起看。一般情况下,我们说"举起手"不说"举起头"。我们说"转过头"不说"转起头"。我们说"提起腿",不说"提起头"。所以,在这儿"抬"字是惟一恰当的词语。

最后看第五个空儿,老大娘向小伙子表示歉意,并不含有感叹的意思,所以这里不用"多么";并不强调真假,所以这里不用"真正";并不具有特殊的意思,所以这里不用"特别"。老大娘向小伙子表示歉意,是确确实实的,所以,应该用"实在"。

尊敬的赵老师:

今天我父___1___坐船从国外来看我和妹妹,我们要在宿___2___等他,所以不能去上课了,特此请___3___一天。

　　　　　　　　　　　您的学生　王文
　　　　　　　　　　　　6月8日

　　这是一张请假条。

　　第一个空儿,"父"字的后面填写哪一个字呢?是"亲"字还是"母"字?联系下文"我们要等他",可以知道来的是一位,而不是两位。"父母"的话,指的是两位。所以这里应该填写一个"亲"字。

　　第二个空儿"宿"字的后面显然是一个"舍"字。

　　第三个空儿,"请"字的后面填写哪个字呢?父亲从国外来,我们要等他,需要向老师申请一天事假,这里应该填写一个"假"字。

　　某公司诚聘业务咨询员,条件如下:

　　　　大专以上文___1___程度或两年以上工作___2___验,有房地产、有深圳户口者优先。

　　　　有意者请于本月20、21日携有效证件及相___3___到晶都酒店6楼多功能会议室面试。

　　这是一张招聘启示。

　　第一个空儿需要填写的是"文"什么的程度,前面的"大专以上"告诉我们,这儿指的是文化程度,而不是文字程度、文学程度或者文明程度。所以,应该填上一个"化"字。

　　第二个空儿需要填写的是工作什么"验",前面的"两年以上"告诉我们,这儿指的是工作经验,而不是实验、测验或者考验。所以,应该填上一个"经"字。

　　第三个空儿需要填写的是"相"什么,联系后面的"面试",我们可以知道需要携带的是相片,而不可能是相册、相本或者相机。所以,应该填上一个"片"字。

　　第三,语段中考题比较多的。如:

　　　　　　　　　阅　览　规　则

　　一、凡入室阅览者,一律凭___1___身份证领取座位号___2___入座。

　　二、本室所有报刊只准在___3___阅览,___4___不向外借阅;___5___没有管理人员许可而___6___本室者,___7___伍元。

　　三、要爱护报刊___8___、不准划圈、剪裁。

　　四、注意室内安静和___9___。不准大声喧哗,不准吸烟,不准随地吐痰。

　　五、凡来本室阅读者,必须___10___本馆制度,尊重和服从工作人员的管理。

　　　　　　　　　　　　　　　　　　　　　　××图书馆
　　　　　　　　　　　　　　　　　　　　　　×年×月

　　1. A. 别人　　　　　　B. 本人
　　　　C. 人们　　　　　　D. 大人　　　　　　　（B）
　　2. A. 找到　　　　　　B. 相对
　　　　C. 自愿　　　　　　D. 对号　　　　　　　（D）
　　3. A. 桌子　　　　　　B. 屋里
　　　　C. 室内　　　　　　D. 室外　　　　　　　（C）
　　4. A. 一律　　　　　　B. 所有
　　　　C. 其他　　　　　　D. 到处　　　　　　　（A）
　　5. A. 向　　　　　　　B. 对
　　　　C. 被　　　　　　　D. 为　　　　　　　　（B）
　　6. A. 带走　　　　　　B. 带去
　　　　C. 带来　　　　　　D. 带出　　　　　　　（D）
　　7. A. 处置　　　　　　B. 处分
　　　　C. 罚款　　　　　　D. 惩罚　　　　　　　（C）
　　8. A. 资料　　　　　　B. 资产
　　　　C. 资格　　　　　　D. 资源　　　　　　　（A）
　　9. A. 生活　　　　　　B. 卫生
　　　　C. 保卫　　　　　　D. 保护　　　　　　　（B）
　　10. A. 遵守　　　　　　B. 违反
　　　　 C. 按照　　　　　　D. 遵命　　　　　　　（A）

很快地看一下，知道这是图书馆的一个规则。

第一个空儿，看书的人凭谁的身份证去看书呢？当然不会凭"别人"的身份证，而要凭自己的身份证，"本人"的意思就是当事人自己。"人们"强调的是人的多少，"大人"强调的是人的大小，用在这儿显然不合适。所以，"本人"是惟一恰当的词语。

第二个空儿，领取座位号以后怎样入座呢？"找到"的后面应该有宾语"座位"两个字，然后再"入座"，但是这里没有。"相对"的意思是不是"绝对"的。"自愿"的意思是"不是被迫"的。这里没有这种意思。"对号"是一个动宾结构的词语，意思是查对相合的号数。"对号"以后入座正符合图书馆的规定。所以，"对号"是惟一恰当的词语。

第三个空儿，报刊只准在什么地方阅览呢？联系下面一句"不向外借阅",把"室外"先否定掉了。如果是在"桌子"上阅览的话,这儿没有一个"上"字。"屋里"和"室内"选择哪一个呢?这是一个书面的阅览规则,"屋里"这个词语太口语化了。联系上面的"本室"两个字,选择"室内"这个词语正合适。

　　第四个空儿,"不向外借阅"的前面填写哪一个词语呢?上面一句已经说了"本室所有的报刊只准在室内阅览",这里"一律"的意思是适用于全部,强调无例外地都不向外借阅。如果用"所有"来表示的话,应该说明"所有的报刊",而这里没有"报刊"这样的词语。如果用"其他"来表示的话,前面已经说了"所有的报刊",难道还有什么"其他"的吗?如果用"到处"的话,后面已经说了不向外借阅,还有什么"到处"可言呢?所以,这儿惟一恰当的词语肯定是"一律"了。

　　第五个空儿,需要选择一个介词,不同的介词表示不同的意思。"向"有朝着的意思,一般是用来表示时间、处所的,"对"有对于的意思,一般是用来表示对象、范围的,"被"一般用在被动句里,"为"有为了的意思,一般用来表示目的、手段和方式,当然也可以用来表示对象和范围。"没有管理人员许可而怎么样的人"显然是属于对象、范围一类的。但这里没有"为了"的意思,只有"对于"的意思。用"对"字可表示对于这样的人应该怎么处理。所以,在这里惟一恰当的词语就是"对"字。

　　第六个空儿,需要填写的是"带走"、"带去"、"带来"还是"带出"?因为后面还有"本室"两个字,所以,这里惟一恰当的应该是"带出"。

　　第七个空儿,如果违反规定的话,要予以处理。表面上看起来,这儿使用"处置"、"处分"、"罚款"、"惩罚"都可以,但是由于后面有了"五元"这个钱的数目,因而,说"处置"钱,"处分"钱,"惩罚"钱,都不可以。所以,只能用"罚款"两个字,后面才可以加上"五元"这个钱数。

　　第八个空儿,要爱护报刊什么?意思是报刊这种属于什么的东西。报刊不是"资产",不是"资格",说是"资源",也不太合适。报刊应该属于一种资料。所以,"资料"是惟一恰当的词语。

　　第九个空儿,要注意室内的安静和什么?联系下文一看,不准大声喧哗,属于注意室内安静的范围,而不准吸烟,不准随地吐痰是属于注意室内卫生的范围。至于注意室内的"生活"、"保卫"或者"保护",则和不准吸烟,不准随地吐痰没有什么关系。所以,这里恰当的选择应该是"卫生"。

　　第十个空儿,来阅读的人必须对本馆制度怎么样呢?这里需要选择的是一个动词。这个动词和宾语"制度"有一种搭配关系,"违反"制度显然不行。"按照"制度的后面应该有动词"办事",可是这儿没有。"遵命"制度,肯定不行,因为"遵命"这个由动宾结构组成的词语后面不能带宾语。所以,惟一恰当的词语应该是"遵守"。

每年的12月31日深夜,当时钟敲响12响时,新的一年就伴随着钟声来到了。然而世界上各个国家__1__不是都在同一时刻进入新年。当我们在北京时间零点进入新年时,美国华盛顿__2__是12月31日上午11点;英国伦敦是31日下午4点;而在日本东京__3__已是1月1日凌晨1点了。为什么__4__出现这种情况呢?这样__5__的时差是怎么回事呢?原来,地球__6__着太阳公转,同时它__7__从西向东自转。地球上由于各个地方__8__日出日落的时间不一样,所以就出现了时差。1884年,经各国科学家商定,__9__全球按经线划分为24个时区,每个时区用一个__10__。这样,世界上不同的时区进入新年的时间也就不一样了。

1. A. 并　　　　　　B. 就
   C. 还　　　　　　D. 又　　　　　　(A)
2. A. 曾　　　　　　B. 刚才
   C. 才　　　　　　D. 已　　　　　　(C)
3. A. 却　　　　　　B. 已经
   C. 不过　　　　　D. 但　　　　　　(A)
4. A. 应该　　　　　B. 可以
   C. 要　　　　　　D. 会　　　　　　(D)
5. A. 相同　　　　　B. 有趣
   C. 好看　　　　　D. 讨厌　　　　　(B)
6. A. 跟　　　　　　B. 对
   C. 向　　　　　　D. 绕　　　　　　(D)
7. A. 更　　　　　　B. 再
   C. 又　　　　　　D. 却　　　　　　(C)
8. A. 看出　　　　　B. 看到
   C. 知道　　　　　D. 了解　　　　　(B)
9. A. 对　　　　　　B. 把
   C. 关于　　　　　D. 为　　　　　　(B)
10. A. 时期　　　　　B. 点钟
    C. 时间　　　　　D. 时候　　　　　(C)

先大概地看一下,知道这一段文字讲的是关于时间差的内容。

第一个空儿,前面说12月31日晚上12点钟时,新年到了,但是各国不是同时进入新年的。在"不是"这个否定词的前面加上"并"、"就"、"还"、"又"中的哪一个呢?加上"并",可以加强否定的语气。加上"就"表示事实正是如此。加上"还",表示现在不是,以后可能是。加上"又",表示意思上更进一层。在这儿惟一恰当的应该是"并"字。

第二个空儿,北京进入新年时,华盛顿只是12月31日上午11点。"曾"和"已"都表示过去时,在这儿不能用,"刚才"是名词,指刚过去不久的时间,不能作副词用。用"才"作副词,可以表示事情发生得晚。所以,这里选择"才"字最为恰当。

第三个空儿,北京进入新年时,在东京已是1月1日凌晨1点了。"已是"的前面加上哪一个词语呢?加上"已经"的话,意思重复了。加上"不过",是只不过的意思,也就是说,还没到12点,所以不对。"但"字是一个连词,应该用在后半句话里表示转折,用在句子的中间显然不行。而副词"却"用在这里表示转折正合适。

第四个空儿,为什么出现这种情况呢?"出现"的前面加上哪一个词语呢?用"应该"、"可以"、"要"都不行,只能用"会"表示有可能出现的意思。

第五个空儿"时差"前面的定语用哪一个词语呢?"相同的时差"不行,因为时差并不相同,"好看的时差"不行,时差看不见。"讨厌的时差"也不行,时差对人来说,谈不上喜欢还是讨厌。各个国家不是都在同一时刻进入新年,这"时差"倒真是很有趣的。所以,这里惟一恰当的词语就应该是"有趣"。

第六个空儿,地球是怎样公转的?是跟在太阳后面公转,是对着太阳公转,是向着太阳公转,还是围绕太阳公转?天文学常识告诉我们:一个天体绕着另一个天体转动叫做公转。显然,这里惟一恰当的词语应该是"绕"。

第七个空儿,同时地球它也从西向东自转。"从西向东"的前面用哪一个词语呢?"更"有进一步的意思,"再"有继续的意思,"又"有同时的意思,"却"有相反的意思。地球的自转与公转是同时进行的,所以,这里惟一恰当的词语应该是"又"。

第八个空儿,地球上各个地方对于日落日出不是看得出看不出的问题,不是知道不知道的问题,也不是了解不了解的问题,而是看得见看不见的问题。所以,这里应该选择"看到"这个词语最为恰当。

第九个空儿,应该是将全球按经线划分为24个时区的意思。用哪一个词语来表示"将"的意思呢?"对"不行,"关于"不行,"为"也不行,在这儿只有用"把"字来表示这个意思才最合适。

第十个空儿,全球划分为24个时区后,每个时区用一个同样的什么做标准呢?用"时期",范围太大。用"点钟",没有一个点钟的说法。用"时候",时候表示的只是有起点和终点的一段时间或者时间里的某一点。而"时间"才是连绵不断的系统。所以,这里惟一恰当的词语应该是"时间"。

《世界博览》编辑部:

我的译文《黑人影星的忧郁》发表于贵刊第七期;但不巧的是,该译文同时刊于《环球》第七期,现将实际情____1____说明如下:

《黑人影星的忧郁》系1990年7月7日____2____号投寄贵刊的,该稿一直压在贵刊编辑部,因此我于1991年4月11日写信询问,但未获答复。这样我就又抄一份于1991年5月11日投寄《环球》____3____志社。两次投稿间隔几近一年之久,早已大大超过通常规定的"三个月后稿件可自行处理"的期限。所以我与一稿两投无涉。

我对贵刊的这次失误深表遗____4____。如果可能,请将这____5____信公之于众,并向读者致歉。

我将一如既往支____6____和爱护贵刊。

顺致崇高的敬意。

田惠刚<br>1991年7月25日

先大概地看一遍,知道这是一封写给编辑部的信。

第一个空儿,应该填写哪个字呢?联系下面的第二段,知道写信的人是要将实际的情况说明一下。这里"情"字的后面填上一个"况"字是恰当的。

第二个空儿,《黑人影星的忧郁》是1990年7月7日怎么样投寄贵刊的呢?这里指的是投寄的方式,使用名词"符号"、"记号"、"账号"、"信号"等显然不行。所以,应该填写"挂号"的"挂"字。

第三个空儿,"志社"的前面应该填写哪个字呢?从信的内容来看,《环球》是一种杂志,编辑出版杂志的单位叫杂志社。所以,在这儿应该填写一个杂志的"杂"字。

第四个空儿,我对贵刊的这次失误深表遗什么?联系上面一段,写信的人已经讲了编辑部的失误,这儿他表示的是一种惋惜的心情,所以应该用遗憾的"憾"字,而不可能是遗传的"传"字,不可能是遗留的"留"字,也不可能是遗失的"失"字。

第五个空儿,请将这什么信公之于众,在"这"和"信"两个字中间要填写的字肯定是一个量词,信的量词应该是"封"。所以,这里恰当的汉字就是一个"封"字。

第六个空儿,我将一如既往支什么和爱护贵刊。这里最可能使用的是支持和支援两个词,支持的意思是给以鼓励或者赞助,支援的意思是用人力、物力、财力或其他实际行动去援助。看起来,写信的人对于《环球》杂志的帮助用支持来表示更合适。所以,这里恰当的汉字应该是支持的"持"字。

# 三、训　　练

## (一) 词语填空训练

根据上下文的意思选择惟一恰当的词语。

(A)

我的担心多余了。每一个人都有__1__选择自己的人生轨道,一个像他这样饱经风霜,经历了种种荣辱沉浮的人,一定会__2__把握剩余的__3__生命的。

1. **A.** 权力　　　**B.** 权利　　　**C.** 任务　　　**D.** 义务

2. **A.** 充分　　　**B.** 足够　　　**C.** 充足　　　**D.** 充满

3. **A.** 尊贵　　　**B.** 贵重　　　**C.** 宝贝　　　**D.** 宝贵

(B)

茶叶是世界公认的最好的饮料__4__。中国是世界上最早__5__并利用茶树的国家。中国茶叶的发展__6__了从药用到饮用、从野生到种植的漫长过程。

4. A. 一种　　　B. 其一　　　C. 之一　　　D. 之首

5. A. 发明　　　B. 发生　　　C. 发展　　　D. 发现

6. A. 经历　　　B. 经受　　　C. 展开　　　D. 表示

(C)

要解决__7__人口的吃饭穿衣问题，发展经济，提高人民的生活水平，就必须十分__8__有限的自然资源，建设良好的自然生态__9__，这是中国经济和社会发展的需要。

7. A. 大众　　　B. 大多　　　C. 群众　　　D. 众多

8. A. 宝贵　　　B. 珍贵　　　C. 珍惜　　　D. 可惜

9. A. 环境　　　B. 处境　　　C. 环保　　　D. 保护

(D)

目前，地球上50多亿人每天说的语言种类达6000多种，但由于国际__10__语言的渗入，__11__民族中的年轻一代__12__使用__13__民族语言越来越不感__14__，致使这6000种语言中约有一半面临灭绝的危险。

10. A. 流通　　　B. 通用　　　C. 使用　　　D. 有用

11. A. 小数　　　B. 少数　　　C. 有数　　　D. 稀少

12. A. 对　　　　B. 为　　　　C. 向　　　　D. 被

13. A. 此　　　　B. 这　　　　C. 目　　　　D. 本

14. A. 味道　　　B. 高兴　　　C. 兴趣　　　D. 爱好

(E)

近年来，南通市对外交往已__15__文化、教育、卫生、体育领域发展到财政、城建等20多个行业，__16__还向境外派出轻纺、电子、园艺、食品加工、烹调等10多个行业的100多名业务、技术骨干定向__17__，__18__企业培养了一批__19__的人才。

15. A. 经　　　　B. 从　　　　C. 在　　　　D. 于

16. A. 甚至　　　B. 并且　　　C. 也　　　　D. 都

17. A. 提高　　　B. 进步　　　C. 进修　　　D. 辅导

18. A. 向　　　　B. 对　　　　C. 让　　　　D. 为

19. A. 紧要　　　B. 需求　　　C. 急需　　　D. 紧急

(F)

张总经理：

昨晚接到弟弟从成都__20__来的长途电话，__21__我父亲由于病情严重，已于__22__月一日住院。我打算明天去成都__23__，__24__请假十天，请予__25__。

致
礼

王东明
十二月三日

20. A. 打　　　　B. 发　　　　C. 拨　　　　D. 通

21. A. 汇报　　　B. 提出　　　C. 说明　　　D. 告诉

22. A. 该　　　　B. 这　　　　C. 本　　　　D. 此

23. A. 了解　　　B. 探望　　　C. 慰问　　　D. 访问

24. A. 将要　　　B. 特此　　　C. 特别　　　D. 快要

25. A. 批准　　　B. 确准　　　C. 核对　　　D. 解答

(G)

《现代家庭》编辑部：

你们好！

自从与《现代家庭》__26__，我__27__喜欢上了。里面刊登的有关名人故事和平凡家庭中的小故事很__28__我。__29__，我不大喜欢那些纪实的案例故事。

我想提个小建议，《现代家庭》可不可以__30__一些外国的生活故事，比如外国的风土人情，__31__在国外生活的中国人的故事。

我想问问可不可以采访刘墉或者刘轩，__32__一些他们的故事，在我们这里他们的书挺受欢迎的。

祝《现代家庭》越__33__越好！

广西钟山县钟山中学169班　黎明静

26. A. 相认　　　B. 相识　　　C. 相处　　　D. 相交

27. A. 就　　　　B. 才　　　　C. 更　　　　D. 又

28. A. 吸引　　　B. 吸取　　　C. 引诱　　　D. 引导

29. A. 而且　　　B. 还是　　　C. 不过　　　D. 不如

30. A. 解释　　　B. 介绍　　　C. 记叙　　　D. 说明

31. A. 或者　　　B. 还是　　　C. 并且　　　D. 同时

32. A. 供求　　　B. 供应　　　C. 提出　　　D. 提供

33. A. 发　　　　B. 写　　　　C. 做　　　　D. 办

(H)

统计资料表明,在发达国家里妇女的寿命比男士长 11 岁,在日本 __34__ 要长 13 岁。然而,这个数字是对未出嫁的、离婚的和丧偶的妇女而言的。已婚的妇女的寿命 __35__ 比男士长两岁,也就是说,婚姻 __36__ 了女子的生命, __37__ 延长了男子的生命。在西方已婚男士的 __38__ 寿命比单身汉长 5—7 岁。

各国的心理健康调查表明:15% 的人患有神经性心理障碍,妇女患忧郁症的比男士 __39__ 两倍。

在已婚妇女中患心情忧郁症的人随年龄的增长而增多,而未婚妇女却仍保持 __40__。婚姻对男子则起了完全 __41__ 的作用。单身汉与已婚的男子不同,其神经性心理障碍 __42__ 随年龄的增长而增长。家庭妇女 __43__ 容易患忧郁症,人数通常比一般妇女要多 4 倍。

34. A. 甚么　　B. 直至　　C. 至于　　D. 甚至

35. A. 将　　　B. 可　　　C. 只　　　D. 不

36. A. 短小　　B. 压缩　　C. 缩短　　D. 缩小

37. A. 而　　　B. 就　　　C. 则　　　D. 越

38. A. 均匀　　B. 平均　　C. 公平　　D. 均衡

39. A. 少　　　B. 多　　　C. 小　　　D. 大

40. A. 原来　　B. 同样　　C. 样子　　D. 原样

41. A. 反对　　B. 反而　　C. 相反　　D. 相对

42. A. 却　　　B. 并　　　C. 再　　　D. 越

43. A. 想　　　B. 非　　　C. 更　　　D. 能

## （二）汉字填空训练

根据上下文的意思填写一个惟一恰当的汉字。

### （I）

词典是不可缺少的学__44__工具,是终身不离的老师。查词典是每__45__人必须养成的好习__46__。

### （J）

学习语言,除了学校语文教学以__47__,还要依__48__各种各样的语文词典。语文词典的作用,不仅在于解释词义,更重__49__的是指导用法。

### （K）

当别人说话__50__,你要聚精会神,眼__51__望着对方,静静地听。东张西望、坐立不安、看书看报等都是不礼__52__的行为。

### （L）

学习就像爬山,刚开始时由__53__信心足、学习兴__54__浓,爬山不累。爬到半山,体力下降了,累了,如果不咬牙坚__55__就一定爬不上去。

### （M）

### 征　婚

女,28岁,1.65米,大学,在某高校工作。品貌好,重感情,性__56__文静,气质高雅。觅1.74米以上,人品好,有涵养,重感情,条__57__相当的知__58__男性为伴侣。100101 北京 1401 信箱刘明今收转。

(N)

### 招 聘

招聘总经理助理：男女各一名，大学本__59__以上学历，精通一门外语，有较强文字及口语表__60__能力，作风踏实，有创新意识和进取精__61__，容貌端正，32岁以下，待遇面谈。来信请寄200021上海复兴中路1号国际大厦1105室人事部收。

(O)

《现代家庭》1998年合订本（每册60元）、《为了孩子》1998年合订本（每册50元）已装订成册，均为精装，上述价格已含邮资。如需购买，请汇款至现代家庭杂__62__社发行部，翁佳收，务必写清您的详细地__63__、邮__64__编码、__65__名及书名、册数。数量有限，售完为止。

(P)

大型儿童系列动画片《十万个为什么》是献给中国儿童的一份珍__66__礼物，该片问世以来，受到了__67__大少儿朋友及家长们的欢__68__和好评。为了让更多的小朋友能从本片中学到知__69__，活跃__70__维，启迪智慧，激发想象力，我们特将该片精制成了VCD光盘和录像带，小朋友们可按征订须知购买本片。

(Q)

编辑先生：

你们好！

我收到了贵刊寄来的《学汉语》杂志，非__71__高兴。

这本小书，美观大方，内容丰__72__，通俗易懂，特__78__适合我们这些初学汉语的外国学生阅读。它帮助我们了__74__中国的文化和风土人情，让我们更愉__75__地生活和学习。你们做了一件大好事，我向你们__76__示衷心的感谢。

祝《学汉语》在未来的岁月中越办越好，真正架起学习和理解的桥梁。

　　　顺致

敬礼

德国留学生　彼德<br>1999 年 5 月 17 日

（R）

　　《新编小学生造句词典》是一本供小学生学习造句使用的工具书。语言是人类表达思___77___感情、相互交流的主要形式之一，语言能力的好坏直接影___78___内容的准确性。好的语言也是一门艺术，它能帮___79___我们更好地与人相处，交流情感。不正确、不恰当的语言不仅令人费解，有时甚___80___会引起误解，造成隔膜。写文章也同样如此，一篇优___81___的作文必定由正确凝练的句子组成，给人以美的感受。所以，无___82___是语言也好，作文也好，都离不开句子这一基础和关键。正因为如此，造句练习也是小学生语文训练的一个重要内容，本书正是基于这一宗旨而为小学生编写的一本工具书。

# 综合填空训练参考答案

| | | | |
|---|---|---|---|
| 1. B | 2. A | 3. D | 4. C |
| 5. D | 6. A | 7. D | 8. C |
| 9. A | 10. B | 11. B | 12. A |
| 13. D | 14. C | 15. B | 16. B |
| 17. C | 18. D | 19. C | 20. A |
| 21. D | 22. C | 23. B | 24. B |
| 25. A | 26. B | 27. A | 28. A |
| 29. C | 30. B | 31. A | 32. D |
| 33. D | 34. D | 35. C | 36. C |
| 37. A | 38. B | 39. B | 40. D |
| 41. C | 42. A | 43. C | 44. 习 |
| 45. 个 | 46. 惯 | 47. 外 | 48. 靠 |
| 49. 要 | 50. 时 | 51. 睛 | 52. 貌 |
| 53. 于 | 54. 趣 | 55. 持 | 56. 格 |
| 57. 件 | 58. 识 | 59. 科 | 60. 达 |
| 61. 神 | 62. 志 | 63. 址 | 64. 政 |
| 65. 姓 | 66. 贵 | 67. 广 | 68. 迎 |
| 69. 识 | 70. 思 | 71. 常 | 72. 富 |
| 73. 别 | 74. 解 | 75. 快 | 76. 表 |
| 77. 想 | 78. 响 | 79. 助 | 80. 至 |
| 81. 秀 | 82. 论 | | |

# 模 拟 试 题

## 汉语水平考试
（初、中等）
## 模 拟 试 题

### 注 意 事 项

一、汉语水平考试（**HSK**）包括四项内容：
　　（1）听力理解（50题，约35分钟）
　　（2）语法结构（30题，20分钟）
　　（3）阅读理解（50题，60分钟）
　　（4）综合填空（40题，30分钟）
　　全部考试时间约需145分钟。

二、全部试题答案必须写在答卷上，不能写在本试卷上。多项选择题（1—154题）都有四个供选择的答案，要求在答卷上画出代表正确答案的字母，每题只能画一横道，多画作废，答错不倒扣分。如：[A] [B] [C] [D̶]。请考生注意，HSK使用阅读机阅卷，横道一定要画得粗一些，重一些，否则阅读机难以识别。综合填空题第二部分（155—170题），请在答卷上的空格中各填写一个恰当的汉字。

三、注意看懂题目的说明，严格按照说明的要求在规定的时间内回答问题。听力理解试题，每个问题后空15—20秒的时间，以供选择答案。

四、严格遵守考场规则，听从主考人的指挥。考试结束后，必须把试卷和答卷放在桌上。等监考人员回收、清点后，才能离场。

# 一 听 力 理 解

（50题，约35分钟）

## 第 一 部 分

> 说明：1—15题，这部分试题，都是一个人说一句话，第二个人根据这句话提一个问题。请你在四个书面答案中选择惟一恰当的答案。
>
> 例如：第8题，你听到：
>
>     第一个人说：……
>
>     第二个人问：……
>
> 你在试卷上看到四个答案：
>
> A. 七点十分　B. 七点　C. 十点七分　D. 六点十五
>
> 第8题惟一恰当的答案是D，你应在答卷上找到号码8，在字母D上画一横道。横道一定要画得粗一些，重一些。
>
> 8.　[A]　　[B]　　[C]　　[D̶]

1. A. 太长了        B. 很糟糕
   C. 票太贵        D. 还可以

2. A. 你比我更好    B. 你粗心不好
   C. 我没说你好    D. 我比你粗心

3. A. 6个           B. 9个
   C. 4个           D. 3个

4. A. 他的成功      B. 他的失败
   C. 他的努力      D. 他的需要

5. A. 去邮局办事    B. 去银行取款
   C. 去机场接客    D. 赶回来开会

6. A. 12：35        B. 13：35
   C. 15：35        D. 18：35

7. A. 她觉得没问题  B. 她说小刘不好
   C. 她觉得很为难  D. 不知小刘在哪儿

8. A. 我家乡的苹果最甜  B. 我家乡苹果不算甜
   C. 哪儿的苹果都不甜  D. 那儿的苹果都很甜

9. A. 他没回来      B. 他可能在
   C. 他一定在      D. 他回去了

10. A. 现在做生意很难  B. 做生意的利润高
    C. 5%的利润太低    D. 说话人想做生意

11. A. 父母         B. 丈夫
    C. 妻子         D. 朋友

12. A. 外语 B. 地理
    C. 化学 D. 历史

13. A. 各种啤酒都很好喝 B. 我只喝"青岛"啤酒
    C. 我认得"青岛"啤酒 D. 我什么啤酒也不喝

14. A. 孩子像春天一样可爱 B. 孩子爱在春天出去玩
    C. 春天的天气常常变化 D. 春天很快就会过去的

15. A. 母亲对女儿的批评 B. 母亲对女儿的评价
    C. 母亲对女儿的希望 D. 母亲对女儿的表扬

# 第 二 部 分

**说明**：16—35题，这部分试题，都是两个人的简短对话，第三个人根据对话提出一个问题，请你在四个书面答案中选择惟一恰当的答案。

例如：第22题，你听到：

22. 第一个人说：……
    第二个人说：………
    第三个人问：……

你在试卷上看到四个答案：

A．睡觉　　　B．学习　　　C．看病　　　D．吃饭

第22题惟一恰当的答案是C，你应在答卷上找到号码22，在字母C上画一横道。横道一定要画得粗一些，重一些。

22. [A]　[B]　~~[C]~~　[D]

16. A. 不会着凉　　　　　　　　B. 不会发胖
    C. 少脱衣服　　　　　　　　D. 不算太胖

17. A. 我借给你看　　　　　　　B. 你先去买吧
    C. 我不想买书　　　　　　　D. 我已经借了

18. A. 14岁以上的人　　　　　　B. 40岁以下的人
    C. 50岁以上的人　　　　　　D. 15岁以下的人

19. A. 母子　　　　　　　　　　B. 姐弟
    C. 父女　　　　　　　　　　D. 兄妹

20. A. 日本队　　　　　　　　　B. 巴西队
    C. 美国队　　　　　　　　　D. 俄罗斯队

21. A. 桂林　　　　　　　　　　B. 昆明
    C. 北方　　　　　　　　　　D. 东北

22. A. 集邮　　　　　　　　　　B. 钓鱼
    C. 上网　　　　　　　　　　D. 养花

23. A. 列车乘务员　　　　　　　B. 商店营业员
    C. 餐厅服务员　　　　　　　D. 车站售票员

24. A. 书店　　　　　　　　　　B. 鞋店
    C. 服装店　　　　　　　　　D. 饮食店

25. A. 不相信会这么便宜　　　　B. 觉得根本就不便宜
    C. 认为便宜了1千元　　　　 D. 不知道是不是便宜

26. A. 花店　　　　　　　　　　B. 菜场
    C. 药店　　　　　　　　　　D. 饭馆

27. A. 司机 B. 游客
    C. 行人 D. 观众

28. A. 不满 B. 安慰
    C. 拒绝 D. 担心

29. A. 叫男的抓紧时间 B. 让男的自己决定
    C. 要男的早点回家 D. 叫男的一起参加

30. A. 问去的时间 B. 不要别人陪
    C. 没说过要去 D. 不是开玩笑

31. A. 听广播 B. 看电影
    C. 听唱歌 D. 看电视

32. A. 一定要跟老李联系上 B. 一定要跟老李见上面
    C. 下决心给老李打电话 D. 先打电话再去老李家

33. A. 一个人去也没关系 B. 走不快就走慢点儿
    C. 可以三点以前去看 D. 要跟男的一起去看

34. A. 对小张不满意 B. 愿意等一会儿
    C. 让小张快点儿 D. 不信小张也去

35. A. 商量 B. 疑问
    C. 生气 D. 得意

# 第 三 部 分

说明：36—50题，这部分试题，你将听到几段简要的对话或讲话。每段话之后，你将听到若干个问题，请你在四个书面答案中选择惟一恰当的答案。

例如：第38—39题，你听到：
    第一个人说：……
    第二个人说：……

第三个人根据这段对话提出两个问题：
    38. 问：……

你在试卷上看到四个答案：
A. 食堂    B. 商店    C. 电影院    D. 去商店的路上

根据对话，第38题惟一恰当的答案是D，你应在答案上找到号码38，在字母D上画一横道，横道一定要画得粗一些，重一些。

38. [A]    [B]    [C]    ~~[D]~~

你又听到：……
    39. 问：……

你在试卷上看到四个答案：
A. 学习    B. 看电影    C. 吃饭    D. 买东西

根据对话，第39题惟一恰当的答案是B，你应在答卷上找到号码39，在字母B上画一横道。横道一定要画得粗一些，重一些。

39. [A]    ~~[B]~~    [C]    [D]

36. A. 展览会上 B. 餐桌上
    C. 宴会上 D. 书本上

37. A. 它又叫冷菜、凉菜 B. 一般是以熟菜为主
    C. 是最先上桌的主菜 D. 是为喝酒准备的菜

38. A. 满足好奇心 B. 了解信息
    C. 发表见解 D. 解答难题

39. A. 生活、学习中的难题 B. 一些值得重视的问题
    C. 有假信息和不良内容 D. 网上活动在逐步减少

40. A. 计算机网络知识的普及 B. 大学生对"上网"的看法
    C. 大学生"上网"的动机 D. 了解网上信息的好处

41. A. 大学图书馆 B. 旅行社
    C. 银行 D. 公司

42. A. 工作很认真 B. 是个工作狂
    C. 工资还算高 D. 工作能力强

43. A. 她有钱都存进银行 B. 她旅行总是坐火车
    C. 她旅行时花钱很多 D. 她觉得生活挺美好

44. A. 退休者 B. 渔民
    C. 船长 D. 村民

45. A. 老麦的一生经历 B. 老麦和他的家庭
    C. 老麦的生活情况 D. 老麦的工作情况

46. A. 他的一个儿子已经结婚 B. 儿子成家后他单独生活
    C. 儿子花 60 万元买他的船 D. 过年时他常常不回村子

47. A. 音乐家 B. 农业专家
　　C. 政府官员 D. 大学教师

48. A. 职业习惯 B. 身体不好
　　C. 工作方便 D. 走路不便

49. A. 肩膀有病 B. 拉得不好
　　C. 没有时间 D. 更爱打牌

50. A. 她不知男的爱好什么 B. 她对男的不是很熟悉
　　C. 知道男的打牌经常输 D. 想了解男的工作情况

## 二 语法结构

(30题,20分钟)

### 第一部分

> **说明**:51—60题,在每一个句子下面都有一个指定词语,句中 **ABCD** 是供选择的四个不同位置,请判断这一词语放在句中哪个位置上恰当。
>
> 例如:
>
> 55. 我们 **A** 一起 **B** 去上海 **C** 旅游 **D** 过。
>
> 没有
>
> "没有"只有放在句中 **A** 的位置上,使全句变为"我们没有一起去上海旅游过",才合乎语法。所以第55题惟一恰当的答案是 **A**,你应在答卷上找到号码55,在字母 **A** 上画一横道。横道一定要画得粗一些,重一些。
>
> 55. [A̲]　[B]　[C]　[D]

51. 他们的 **A** 女儿 **B** 是在 **C** 墨西哥航空公司的 **D** 飞机上出生的。

　　　　　　一家

52. 当时天色阴沉,谁也 **A** 想不 **B** 到也不 **C** 去想九十分钟后 **D** 将发生什么事情。

　　　　　　　　　　　　会

53. 中国之所以 **A** 被世界所 **B** 了解,我 **C** 觉得还有一个 **D** 重要的原因。

　　　　　　　　　　不

54. 那些衣服 **A** 我从 **B** 早上八点 **C** 洗到 **D** 中午十二点半才洗完。

　　　　　　一直

55. 明明是他骑车 **A** 撞了我,可他 **B** 不但不道歉,**C** 说我走路 **D** 不小心。

　　　　　　　　　　反而

56. A 就明天吧，明天我没 B 事儿，C 咱们一块逛 D 街去。
            什么

57. 孩子们 A 每天下午 B 要 C 在操场上 D 踢一会儿球。
              都

58. A 他 B 说的笑话 C 我们全都 D 逗乐了。
       把

59. 坐在市长 A 右边 B 那个戴眼镜 C 就是这儿的警察 D 局长。
                的

60. 喝啤酒 A 对身体 B 虽然有好处，但 C 不能 D 多喝。
                      也。

# 第 二 部 分

说明：61—80题，每个句子中有一个或两个空儿，请在 ABCD 四个答案中选择惟一恰当的填上(在答卷上的字母上画一横道)。

例如：

67. 我昨天买了一_____钢笔。
   A. 件
   B. 块
   C. 支
   D. 条

我们只能说："我昨天买了一支钢笔"，所以第67题惟一恰当的答案是 C，你应在答卷上找到号码67，在字母 C 上画一横道。横道一定要画得粗一些，重一些。

67. [A]  [B]  [C]  [D]

61. 那_____钱我明天就可以还你了。
    A. 只          B. 笔
    C. 张          D. 样

62. 老张常年在外边_____销售，难得和家里人在一起。
    A. 走          B. 跑
    C. 奔          D. 飞

63. 我们电视台想_____报考志愿的情况，采访咱们这儿的学生。
    A. 为          B. 在
    C. 把          D. 就

64. 李江把我的词典弄丢了，却_____说是小张拿走了。
    A. 不          B. 没
    C. 非          D. 非不

65. 中国队上半场踢得还可以，下半场体力下降，几个主力队员实在是跑不_____了。

        A. 动　　　　　　　B. 走

        C. 开　　　　　　　D. 行

66. _____十二点多了,你怎么还不睡觉?

        A. 还　　　　　　　B. 就

        C. 也　　　　　　　D. 都

67. 条件差一点儿怕什么,我和你妈从来没用过洗衣机,一辈子不也都这么_____了。

        A. 过去　　　　　　B. 过来

        C. 过完　　　　　　D. 过过

68. 一名优秀的运动员就_____能够成为一名优秀的教练员吗?

        A. 果然　　　　　　B. 必须

        C. 一定　　　　　　D. 决定

69. 感冒的发生,是由细菌或病毒感染所导致的,_____是两者混合性感染。

        A. 或者　　　　　　B. 还

        C. 也　　　　　　　D. 又

70. 太多的汽车使人们在车水马龙的城市_____无处安身。

        A. 几乎　　　　　　B. 恰恰

        C. 完全　　　　　　D. 有点儿

71. _____在这里傻等,还不如咱们先去。

        A. 即使　　　　　　B. 与其

        C. 尽管　　　　　　D. 要么

72. 他_____只会一点英语,却说自己是英汉翻译专家。

        A. 毕竟　　　　　　B. 明显

        C. 明明　　　　　　D. 明白

73. 消费品的价格如果_____再降低一些,就_____有更大的市场。
       A. 应……能……
       B. 会……会……
       C. 会……能……
       D. 能……会……

74. 运动员要出成绩,_____平时还是比赛,_____必须绝对服从教练。
       A. 不管……也……
       B. 无论……都……
       C. 不但……而且……
       D. 除非……才……

75. 这可是件大事,你让我再_____吧。
       A. 考虑一考虑
       B. 考虑了考虑
       C. 考虑一下考虑
       D. 考虑考虑

76. 一个醉汉模样的男人大叫着:"_____。"
       A. 谁是流氓我谁怕
       B. 我是流氓我怕谁
       C. 我是流氓谁怕我
       D. 我怕谁谁是流氓

77. 上海是_____。
       A. 中国最大的工业城市
       B. 最大中国的工业城市
       C. 中国工业最大的城市
       D. 中国最大工业的城市

78. 我这两天急死了,_____。
       A. 饭也吃不下,觉也睡不着

B. 也饭吃不下，也觉睡不着
C. 吃饭也不下，睡觉也不着
D. 饭吃也不下，觉睡也不着

79. 在大街上，行人、车辆靠右走，这是_____。
    A. 人人都必须遵守的一条规则
    B. 必须人人都遵守的一条规则
    C. 必须都遵守的一条人人规则
    D. 人人都遵守的一条必须规则

70. 山田小姐最近觉得很无聊，因为_____。
    A. 半个月前她的男朋友回日本去了
    B. 她的男朋友半个月前回去了日本
    C. 她的男朋友回日本去了半个月前
    D. 她的男朋友半个月前回去日本了

# 三 阅读理解

（50题，60分钟）

## 第一部分

**说明**：81—100题，每个句子中都有一个划线的词语，ABCD 四个答案是对这一划线的词语的不同解释，请选择最接近该词语的一种解释（在答卷上的字母上画一横道）。

81. 马上就要放假了，你有什么<u>安排</u>吗？
    A. 约会　　B. 作业　　C. 打算　　D. 变化

82. 昨天晚上的演出十分<u>精彩</u>。
    A. 热闹　　B. 简单　　C. 糟糕　　D. 好看

83. 在他晚年，他的学术成就渐渐<u>为</u>世人注意。
    A. 对　　　B. 被　　　C. 从　　　D. 把

84. 他人虽小，说起话来声音可不<u>小</u>。
    A. 软　　　B. 响　　　C. 重　　　D. 轻

85. 房间里这么乱，你也不<u>收拾收拾</u>。
    A. 整理整理　B. 打扫打扫　C. 修理修理　D. 装饰装饰

86. 关于这个项目，公司领导的<u>看法</u>并不统一。
    A. 意见　　B. 办法　　C. 手段　　D. 步骤

87. 只要你能给我足够的支持，我<u>保管</u>能成功。
    A. 有可能　B. 有机会　C. 有把握　D. 有条件

88. 见到离别了三十年的亲人，她<u>忍不住</u>流下了眼泪。
    A. 不禁　　B. 不惜　　C. 不免　　D. 不幸

89. 别看他慈眉善目的,你要是信了他的胡言乱语,那你就上当了。
    A. 受骗　　　B. 失败　　　C. 可怜　　　D. 糊涂

90. 多少年来,他始终保持着这个习惯,即使在那最艰苦的年代,也从未改变过。
    A. 一直　　　B. 努力　　　C. 基本　　　D. 反正

91. 我不是为了写作品而寻找材料,我只是给一种神圣的责任驱动着,即为人民代言。
    A. 就是　　　B. 或者　　　C. 马上　　　D. 因为

92. 在星光下,这两位阔别多年的老战友躺在沙滩上,聊了整整一夜。
    A. 玩　　　　B. 谈　　　　C. 睡　　　　D. 看

93. 这地方一年四季净刮风下雨,没一天好天气。
    A. 难得　　　B. 竟然　　　C. 老是　　　D. 干脆

94. 整个生产工艺,他都介绍得很具体。
    A. 概括　　　B. 详细　　　C. 简单　　　D. 啰嗦

95. 这篇文章不好写,搞得不好,会惹麻烦的。
    A. 方便　　　B. 容易　　　C. 合适　　　D. 可以

96. 经受一点挫折算什么,人们就是在挫折中成熟起来的。
    A. 失败　　　B. 苦难　　　C. 损失　　　D. 灾祸

97. 此刻,台风终于过去了,轮船又要起航了。
    A. 于是　　　B. 不久　　　C. 这时　　　D. 最后

98. 这孩子,好吃懒做,不求上进,不会有出息的。
    A. 成绩　　　B. 财产　　　C. 好处　　　D. 前途

99. 这次锦标赛要不要报名参加,我无所谓。
    A. 不在乎　　B. 没主意　　C. 看情况　　D. 很着急

100. 你一定要这么干，我也不反对，到时候出了事故，可别怨我。
　　A. 求　　　B. 问　　　C. 找　　　D. 怪

# 第 二 部 分

**说明**：101—130题，每段文字后都有若干个问题，每个问题都有 **ABCD** 四个答案，请快速阅读并根据它的内容选择惟一恰当的答案（在答卷上的字母上画一横道）。

101—102

苏州园林是中国各地园林的标本，各地园林或多或少都受到苏州园林的影响。因此，谁如果要鉴赏中国的园林，苏州园林就不该错过。中国的建筑，从古代的宫殿到近代的一般住房，绝大部分是对称的，左边怎么样，右边也怎么样。苏州园林可绝不讲究对称，好像故意避免似的，东边有了一个亭子或一道回廊，西边决不会来一个同样的亭子或者一道同样的回廊。这是为什么？我想，用图画来比方，对称的建筑是图案画，不是美术画，而园林是美术画，美术画要求自然之趣，是不讲究对称的。

【101】苏州园林_____。

 A. 受到了古代建筑的影响
 B. 影响了中国书画的风格
 C. 体现了中国园林的特点
 D. 不同于中国的其他园林

【102】苏州园林的特点是_____。

 A. 追求自然　　　　B. 讲究对称
 C. 模仿图画　　　　D. 注意实用

103—105

当我们感到大脑疲劳或者有短暂的精神恍惚时，有的人习惯于一支接一支地抽烟提神，甚至吃上一片什么药，继续伏案工作。显然，长此以往，健康将受到不同程度的损害。那么，感到大脑疲劳的时候，是不是只有睡觉、休息才是上策呢？加拿大多伦多大学健康教育专家莱斯通过对800人的长期观察，和300多个有关的实验，发现当人们感到大脑疲劳时，到户外去做一些运动，可以使大脑的功能恢复到58%；而不做运动改吃药的话，大脑的功能只能恢复到40%至50%之间。因为，运动会加快体内血液循环,使流经脑部的血量增加,供给神经细胞的氧气及营养物质也增多,并及时带走了废料及二氧化碳,从而为大脑神经细胞的生长发育及功能的增强提供了有利条件。因此,他认为,从事脑力劳动的人长时间紧张工作并不能提高劳动效率。一旦大脑感到疲劳,不妨去跑一会儿步,或者去游泳。实在没有条件,原地走几步或伸伸腰也大有好处。

【103】根据本文,跑步可以_____。
  A. 促进人体发育  B. 增强人的体质
  C. 恢复大脑功能  D. 治疗精神疾病

【104】消除大脑疲劳的最好办法是_____。
  A. 运动  B. 休息
  C. 吸烟  D. 吃药

【105】本文最恰当的标题是_____。
  A. 大脑累了就跑步  B. 吸烟有害健康
  C. 如何提高工作效率  D. 大脑的结构和功能

106—109
  自去年12月曼谷亚运会上两度负于日本队以来,中国女篮今天首次打了一个翻身仗。这是一场实力接近的比赛。上半场,日本队借天时地利之势,以38:34领先。下半场,中国队奋力追赶,曾经一度以51:48反超日本队。但是日本队经过一番调整,加强了攻势,到离结束前一分钟,把比分追成了60平。在这关键时刻,中国队主教练马跃男将年仅17岁、身高1米90的新手10号陈莉莎派上阵。她上场后果然不负众望,连进两球,为中国队的最后胜利奠定了基础。

【106】今天的比赛,是中国女子篮球队自去年12月以来_____。
  A. 第一次战胜日本队
  B. 第三次战胜日本队
  C. 第一次输给日本队
  D. 第三次输给日本队

【107】上半场比赛,_____。
  A. 双方比分相差很大

B. 中国队领先
C. 日本队领先
D. 双方打平

【108】陈莉莎_____。
A. 是名老运动员
B. 最后时刻上场
C. 始终没有进球
D. 让教练很失望

【109】这次比赛中国队和日本队最后的比分可能是_____。
A. 38：34
B. 51：48
C. 60：60
D. 64：60

110—112

据记者了解，北京西城区现有各类幼儿园80余个，其中街道办的幼儿园25个。随着全区人口出生率的逐年下降，独生子女的增多，三成以上的幼儿园出现了严重的生源不足。另一方面，由于人口老龄化的加剧，西城区街道办的9所敬老院已经远远不能满足群众的需要，各敬老院人满为患。我们是否应该为这个城市的老年人想一想，如果把老人接到幼儿园，让老人和孩子们在一起，老老少少享受天伦之乐，就可以既解决街道幼儿园"吃不饱"，敬老院"吃不了"的矛盾，又有利于开展全方位的社区服务。同时，也为双职工家庭解了难。当然，这不是街道一家的事，社会各界都应该伸出援助之手。

【110】在北京西城区_____。
A. 总人口逐年增加    B. 老年人越来越多
C. 新生幼儿逐年增加    D. 老人要求越来越高

【111】这篇文章想要解决的问题是_____。
A. 敬老院太少    B. 幼儿园太少
C. 独生子女太多    D. 购买食品太难

【112】作者建议_____。
A. 把一部分幼儿园改成敬老院
B. 把一部分敬老院改成幼儿园
C. 把幼儿园和敬老院合在一起
D. 建立更多的敬老院和幼儿园

113—116

昨日21时左右，两位来自广东的小姐在本市西部一大型超市购物，结账后两人拿着几大包物品离去。回到旅店，她们打开其中的一个塑料袋，不禁吓了一大跳——里面装的全是钱，粗略一数，少说也有10万元。她们立即打电话与超市联系。然而此时超市早已下班，只有值班人员。为慎重起见，她们向110报警。警察接到电话后马上赶到了现场，并通知了超市负责人。今天零点左右，超市来人取走了这笔共计108297.55元的巨款。

原来，两位小姐购物后结账时，超市也在结账。她们不知不觉中把放在柜台上的装有超市当天营业额的袋子也一起带走了。

【113】两名来自广东的小姐_____。
A. 在路上捡到了一个钱包
B. 从超市买回了很多东西
C. 从银行取出了10万元钱
D. 从超市偷走了一大笔钱

【114】那两名小姐之所以给警察打电话，是因为她们_____。
A. 不知道钱是谁丢的
B. 担心警察来找麻烦
C. 不想再去超市还钱
D. 找不到超市负责人

【115】那两名小姐拿了那个装钱的塑料袋，是因为她们_____。
A. 知道里面一定有很多钱
B. 觉得里面是珍贵的物品
C. 以为那是她们买的东西
D. 实在是喜欢那个塑料袋

【116】可以猜想,超市取走那笔巨款的时候,一定向那位小姐表示了_____。

  A. 气愤      B. 歉意
  C. 感谢      D. 不满

117—120

  "我小时候还读过《十万个为什么》呢。"著名化学家、上海稀土研究所所长陈念贻对记者说。确实,作为一套通俗性的介绍自然科学知识的科普读物,30多年来,《十万个为什么》始终以科学严谨的知识、通俗浅显的文字和贴近生活的内容深深吸引着广大读者。随着一代代青少年的成长,《十万个为什么》伴随他们走向成功。

  《十万个为什么》是集体智慧的结晶,凝聚了少年儿童出版社几代编辑的心血,汇集了数百位科普作者的精心创作,系载着数以万计的读者多年来的关爱。从目前已知的国内、国外情况来看,可与这套《十万个为什么》相媲美、具有相同特色的少年儿童自然科学普及读物,尚未见到。

  现在,随着人们精神生活和物质生活的不断改善提高,以及科学技术的日新月异,诸如"克隆技术"、"遗传基因重组"、"多媒体的应用"、"光纤通信"等新科学新技术层出不穷,《十万个为什么》中的部分内容,逐步显露出知识的老化,内容的滞后和形式的陈旧。针对这一情况,出版社即将推出《十万个为什么》新世纪版。该版保留了原先《十万个为什么》的精华,又增添了许多对新科技的介绍内容。根据当今科学的分类系统,大致拟编为十二分册。其中一个分册"资料索引分册"是《十万个为什么》(新世纪版)的首次尝试。

【117】《十万个为什么》是_____。

  A. 青少年科普知识读物
  B. 成年人自然科学读物
  C. 自然和社会知识读物
  D. 内容浅显的化学课本

【118】《十万个为什么》_____。

  A. 即将出版
  B. 刚刚出版
  C. 出版了十多年了
  D. 出版了三十多年了

【119】《十万个为什么》的作者是_____。
    A. 各方面的专家
    B. 几位科普工作者
    C. 一位著名的科学家
    D. 少年儿童出版社编辑

【120】新世纪版的《十万个为什么》_____。
    A. 保留了原来的分类系统
    B. 保留了原书的全部内容
    C. 把原书分为十二分册
    D. 增加了许多新的内容

121—124

大学生每天花多少时间来读课外书？据最近对本市某高校的一项抽样调查显示，每人平均只有2小时，而在四五年前这个数字至少要增加一倍。

课外负担较重，是无暇顾及课外阅读的一个因素。大学生的课程量一般平均为每星期20至30节课，理工科学生则更多些，再加上还要完成各种作业，空闲的时间也就所剩无几了。一位电光源系的二年级学生说："念了五天书，周末谁还想看书？当然要轻松一下，和朋友们一起搞些活动。"

除了学校安排的课程，越来越多的大学生还自己花钱在外面进修，这就进一步挤占了看课外书的时间。有一位中文系的大三女生的日程安排是这样的：每周二、四晚上在外校学日语，周五在外校学习口译，周六整天在校外读GRE。据了解，像她这样在校外学习1—2门课的学生为数不少，校园里常常可以看到他们来去匆匆的身影。

还有不少学生认为社会也是大学生的一个"课堂"，自己的任务不光是读书，还应该把一部分时间投入到社会中去，大约80%以上的学生有过社会工作或勤工俭学的经验，这些工作通常不是用较少时间就能完成的。

大学生对于书本态度的改变是他们不常看课外书的另一个原因。许多大学生认为，读书其实就是为了获取信息，而当今的信息传播渠道如此发达，报纸、电视、广播、网络等等都能满足这一需要，那么接受信息的渠道就不应局限于课本。

【120】在四五年前,大学生花在课外阅读上的时间是_____。
　　A. 一小时　　　　　　B. 两小时
　　C. 三小时　　　　　　D. 四小时

【122】下面哪条不是课外阅读时间减少的原因？_____。
　　A. 功课太多　　　　　B. 好书太少
　　C. 工作太忙　　　　　D. 学习太累

【123】大学生认为,现在获取信息的方式是_____。
　　A. 上网　　　　　　　B. 看报纸
　　C. 阅读书报　　　　　D. 以上各种

【124】本文主要分析了_____。
　　A. 大学生业余活动的内容
　　B. 课外负担太重的副作用
　　C. 课外阅读量减少的原因
　　D. 获得新信息的主要方式

125—130

据报道,某地一小学五年级因为想当"官"的学生太多,老师不得不把已有的三个小组分成九个,以便增加"干部岗位",让更多的学生当上"小组长"。这一消息引起了很多议论。其实,依笔者看,孩子想当"官",倒不一定是为了"捞油水",得好处,多半原因是想借此显示自己在班里的地位,"讨"几个来自父母和老师的表场,从而满足心理上的需要。

研究表明,在班级里的地位对孩子形成健康人格有深刻的影响。担任班干部的学生能产生较强的成就需求。同时,在担任班干部的过程中,也锻炼了人际交往和社会工作能力,对以后走上社会是有益的。

然而,我国有不少中小学班级却只是围着"好学生"——几个班干部形成中心,大多数学生常常因为不太适应学习环境而失去表现和发展自我价值的机会,自尊心受到伤害。最近,国内有关部门对10—15岁的城市独生子女的学校教育状况进行了调查,发现有86.7%的孩子成就需求较低。专家认为,孩子的成就需求较低,对自己信心不足,与他们在班级里没有地位、老师不太注意和重视他们有很大关系。

据说,在有些国家,中小学根本不设"班干部",只设值日生,大家轮流当。这样可以让每个学生都得到公开、公正、公平的发展机会。这一做法,可能有些人觉得不能理解,不过,也许他山之石,可以攻玉。

【125】某个小学的一个班级之所以把全班分成九个小组,主要是_____。

  A. 很多学生想当小组长
  B. 班级的学生人数太多
  C. 老师管理起来太麻烦
  D. 让全班同学公平竞争

【126】学生想当班干部,主要是为了_____。

  A. 得到更多好处
  B. 为大家做好事
  C. 取得工作经验
  D. 满足心理需要

【127】据研究证实,在班级里从来没当过干部的同学,长大以后_____。

  A. 容易取得成就
  B. 特别想要当官
  C. 交际能力较强
  D. 自信心比较差

【128】现在在中国的不少中小学班级里_____。

  A. 每个人都是干部
  B. 大家轮流当班干部
  C. 只有少数人当班干部
  D. 大多数人都有机会当干部

【129】作者批评_____。

  A. 教师不重视班级里的大多数学生
  B. 独生子女往往成就需求较低
  C. 想当"官"的人越来越多
  D. 班级里小组分得太多

【130】作者认为,不设班干部,只设值日生的做法_____。
　　A. 不太合适
　　B. 不能实施
　　C. 可以采用
　　D. 十分奇怪

# 四 综合填空

(40题,30分钟)

## 第一部分

说明:131—154题,每段文字中都有若干个空儿(空儿中标有题目序号),每个空儿下边都有ABCD四个词语,请根据上下文的意思选择惟一恰当的词语(在答卷上的字母上画一横道)。

131—140

未来的电脑将__131__功能和应用的不同,分为低、中、高三档。低档的价格最便宜,操作最__132__。它既能上网又能玩游戏,那些用不上的功能__133__都去掉。中档的价钱__134__低档电脑贵一些,增加的功能适合那些__135__电脑更熟悉、应用要求更__136__的用户。高档的就是那些最贵、性能国际一流、能拿来搞研究、搞__137__的高级电脑,__138__家庭完全可以不作__139__。对于中、低档的电脑,好用__140__尤其重要。

131. A. 据说　　B. 依次　　C. 根源　　D. 根据

132. A. 复杂　　B. 简单　　C. 差异　　D. 相同

133. A. 所有　　B. 一律　　C. 其他　　D. 到处

134. A. 和　　　B. 跟　　　C. 与　　　D. 比

135. A. 对　　　B. 向　　　C. 被　　　D. 为

136. A. 强　　　B. 弱　　　C. 高　　　D. 低

137. A. 开展　　B. 开发　　C. 开通　　D. 开放

138. A. 平凡　　B. 普遍　　C. 普通　　D. 通常

139. A. 思考　　B. 顾虑　　C. 想象　　D. 考虑

140. A. 显得　　B. 觉得　　C. 认得　　D. 晓得

141—144

　　初中的英语课本上有这样一段课文：一个人非常富有，想买什么就能买什么，但是他没有朋友，十分__141__，一点儿也不快乐；另一个人非常贫穷，常常买不__142__他想要的东西，但是他朋友很多，总是快乐而__143__。你__144__做哪一种人？

141. A. 孤立　　B. 独自　　C. 单独　　D. 孤独

142. A. 到　　　B. 起　　　C. 出　　　D. 完

143. A. 充满　　B. 足够　　C. 满足　　D. 充足

144. A. 愿意　　B. 愿望　　C. 但愿　　D. 自愿

145—147

　　__145__对外开放政策的贯彻以及国内经济、文化建设的繁荣，今后中国对外文化交流将越来越__146__和频繁，前途是十分__147__的。

145. A. 跟着　　B. 随着　　C. 跟随　　D. 接着

146. A. 活泼　　B. 飞跃　　C. 活跃　　D. 踊跃

147. A. 广大　　B. 广博　　C. 广泛　　D. 广阔

148—151

　　上海邮电饭店坐落于鲁迅公园南侧，环境__148__，闹中取静。

　　因业务__149__需要，上海邮电饭店将改名经营，全面走向市场与社会。为此，即日起__150__征集新的店名。

　　__151__社会各界人士献计献策，踊跃应征，一旦录用即付酬人民币三千元。

　　应征信请于两周内寄山阴路277号上海邮电饭店，邮政编码：200081，信封上注明"征集店名"字样。

148. A. 幽雅　　　B. 文雅　　　C. 冷静　　　D. 平静

149. A. 发明　　　B. 发现　　　C. 发挥　　　D. 发展

150. A. 秘密　　　B. 公开　　　C. 开放　　　D. 公布

151. A. 迎接　　　B. 迎合　　　C. 欢呼　　　D. 欢迎

152—154

　　博物馆__152__的一个大厅里__153__着一辆二十多年前出土的大型铜马车,造型十分__154__。

152. A. 周围　　　B. 靠近　　　C. 中间　　　D. 两旁

153. A. 陈列　　　B. 排列　　　C. 列队　　　D. 前列

154. A. 优良　　　B. 精美　　　C. 美好　　　D. 精工

# 第二部分

**说明**：155—170题，每段话中都有若干个空儿(空儿中标有题目序号)，请根据上下文的意思在答卷上的每一个空格中填写一个恰当的汉字。

155—159

由上海人民美术出版社与世界钟表出版有限公__155__合作出版的《世界钟表大全》是中国国内惟一的一本介__156__世界名表的图书,彩色精印,中英对照,具有欣赏、收藏价__157__。

为满__158__收藏爱好者和钟表业人士__159__要,现办理少量邮购,每册120元。

欲购者请将书款寄上海长乐路672弄33号上海人民美术出版社丁国联收,邮政编码：200040,邮资免收。

160—163

今__160__五一国际劳动节按规定五月一日放__161__一天。由__162__五月一日(星期六)原为休息日,五月三日(星期一)补休一天。五月四日(星期二)__163__常工作。

164—167

1999年北京国际马拉松赛将于10月15日在中国北京举__164__。现已向四十六个国家的优__165__运动员发出了__166__请,预计将有两百多位外国朋__167__前来参赛。

168—170

大卫：

中午我到你房间找你商__168__篮球比赛的事儿,你不__169__。晚上七点我再来,希__170__你别走开。

马克

八日中午十二点半

# 模拟试题听力理解材料原文

## 一 听 力 理 解

### 第 一 部 分

---

（1—15题）

这部分试题，都是一个人说一句话，第二个人根据这句话提一个问题。请你在四个书面答案中选择惟一恰当的答案。

例如：第8题，你听到：

　　第一个人说：现在差十分七点。

　　第二个人问：现在是什么时候。

你在试卷上看到四个答案：

A. 七点十分　B. 七点　C. 十点七分　D. 六点五十

第8题惟一恰当的答案是D，所以你应该在答卷上找到号码8，在字母D上画一横道。横道一定要画得粗一些，重一些，把括号画满。

好，现在我们开始作第1题。

---

1. 昨晚的那场电影啊，浪费了我两个多小时。
   问：昨晚的电影怎么样？
   　A. 太长了　　　　　　　　B. 很糟糕
   　C. 票太贵　　　　　　　　D. 还可以

2. 我不是说你不好。你要是不粗心，那不就更好了吗？
   问：这句话是什么意思？
   　A. 你比我更好　　　　　　B. 你粗心不好
   　C. 我没说你好　　　　　　D. 我比你粗心

3. 这是家大公司。除了在法国有6个分公司，在美国、日本、新加坡等国家也有他们的分公司。
   问：这家公司最少在几个国家有分公司？

A. 6个　　　　　　　　　　B. 9个
C. 4个　　　　　　　　　　D. 3个

4. 现在你们看到的是他的成绩，没有人看到他在成功的路上洒下多少汗水。

   问：人们没有看到什么？
   A. 他的成功　　　　　　　B. 他的失败
   C. 他的努力　　　　　　　D. 他的需要

5. 老李下午去邮局办事，还要去银行取款，要是再去机场接客人，开会就赶不回来了。得另外安排个人去机场。

   问：老李下午不做哪件事？
   A. 去邮局办事　　　　　　B. 去银行取款
   C. 去机场接客　　　　　　D. 赶回来开会

6. 原定明天 15:35 到昆明，现在看来至少得推迟三个小时。

   问：说话人最早什么时候能到昆明？
   A. 12:35　　　　　　　　B. 13:35
   C. 15:35　　　　　　　　D. 18:35

7. 她是觉得去找小刘不好，不去找小刘也不好。

   问：这句话告诉我们什么？
   A. 她觉得没问题　　　　　B. 她说小刘不好
   C. 她觉得很为难　　　　　D. 不知小刘在哪儿

8. 哪儿的苹果都赶上不我家乡的甜。

   问：这句话是什么意思？
   A. 我家乡的苹果最甜　　　B. 我家乡苹果不算甜
   C. 哪儿的苹果都不甜　　　D. 那儿的苹果都很甜

9. 他是中午才回来的，你快去吧，不是在二楼办公室，就是在三楼会议室。

   问：这句话告诉我们什么？
   A. 他没回来　　　　　　　B. 他可能在

· 174 ·

C. 他一定在　　　　　　D. 他回去了

10. 现在做生意容易吗？有5%的利润就不错了。
    问：这句话告诉我们什么？
    A. 现在做生意很难　　　　B. 做生意的利润高
    C. 5%的利润太低　　　　　D. 说话人想做生意

11. 你天天这么晚回去，把家当旅馆，你爱人能不生气吗？
    问：这句话最可能对谁说？
    A. 父母　　　　　　　　　B. 丈夫
    C. 妻子　　　　　　　　　D. 朋友

12. 从1月21号开始期终考试。21号考语文和历史，22号考数学和化学，23号考外语和物理。
    问：哪门课不考？
    A. 外语　　　　　　　　　B. 地理
    C. 化学　　　　　　　　　D. 历史

13. 现在啤酒的牌子越来越多了，有老的，有新的，有国产的，也有合资的，都不错，可我就认准"青岛"了，非它不喝。
    问：这句话是什么意思？
    A. 各种啤酒都很好喝　　　B. 我只喝"青岛"啤酒
    C. 我认得"青岛"啤酒　　　D. 我什么啤酒也不喝

14. 春天的天气那真是小孩儿的脸，一会儿一个样。
    问：这句话是什么意思？
    A. 孩子像春天一样可爱　　B. 孩子爱在春天出去玩
    C. 春天的天气常常变化　　D. 春天很快就会过去的

15. 我这小女儿甭管有没有出息，将来她能踏踏实实地工作，平平安安地过日子，我就满意了。
    问：这句话说明了什么？
    A. 母亲对女儿的批评　　　B. 母亲对女儿的评价
    C. 母亲对女儿的希望　　　D. 母亲对女儿的表扬

# 第 二 部 分

(16—35题)

这部分试题,都是两个人的简短对话,第三个人根据对话提出一个问题。请你在四个书面答案中选择惟一恰当的答案。

例如:第22题,你听到:

　　第一个人说:你怎么了?

　　第二个人说:头疼、发烧、睡不好觉,不想吃东西。大夫,是不是感冒了?

　　第三个人问:女的正在做什么?

你在试卷上看到四个答案:

A．睡觉　　B．学习　　C．看病　　D．吃饭

第22题惟一恰当的答案是C,所以你应在答卷上找到号码22,在字母C上画一横道。横道一定要画得粗一些,重一些,把括号画满。

好,现在我们开始作第16题。

16. 女:别脱得太多,小心着凉。

　　男:我这么棒的身体,怎么会呢?

　　问:男的说自己怎么样?

　　　　A. 不会着凉　　　　　　B. 不会发胖

　　　　C. 少脱衣服　　　　　　D. 不算太胖

17. 女:连我都买了,你还不快去买一本?

　　男:你买就行了,我要看可以向你借嘛。

　　问:男的是什么意思?

　　　　A. 我借给你看　　　　　B. 你先去买吧

　　　　C. 我不想买书　　　　　D. 我已经借了

18. 女:西式快餐的生意很好,像肯德鸡、麦当劳这类快餐店,吃的人不少。

男：不过，去吃的人40岁以上的很少，更不要说50岁以上的人了。
问：喜欢吃西式快餐的是哪些人？
- A. 14岁以上的人
- B. 40岁以下的人
- C. 50岁以上的人
- D. 15岁以下的人

19. 女：我在看书。妈妈说她喜欢爱学习的孩子。
男：真是好孩子，你爱学习，爸爸也喜欢你。
问：他们最可能是什么关系？
- A. 母子
- B. 姐弟
- C. 父女
- D. 兄妹

20. 女：参加第二阶段比赛的球队怎么没有日本队？
男：怎么没有？日本队赢了巴西队，第二阶段是跟美国队、俄罗斯队分在一个组。
问：哪个队没有参加第二阶段比赛？
- A. 日本队
- B. 巴西队
- C. 美国队
- D. 俄罗斯

21. 女：小李说他喜欢桂林，也喜欢我们昆明。我倒喜欢他们那儿的北国风光，冬天的银色世界多美呀！
男：那你跟他商量一下，两人把工作单位换一换，把家搬他们东北去。
问：女的最可能住在哪儿？
- A. 桂林
- B. 昆明
- C. 北方
- D. 东北

22. 男：我的兴趣可广啦，画画、集邮、钓鱼、跳舞什么的，我都喜欢，最近又迷上了电脑，天天上网。
女：你哪儿有那么多时间？
问：男的没有提到哪个方面的兴趣？
- A. 集邮
- B. 钓鱼
- C. 上网
- D. 养花

23. 男：你们这菜上得太慢了，能不能快点儿？我们还要赶火车呢。

女：对不起，马上就来了。我再进去催一下。请两位先用茶。
问：女的最可能是什么人？

    A. 列车乘务员            B. 商店营业员

    C. 餐厅服务员            D. 车站售票员

24. 女：走吧，都快到吃午饭的时间了，还要去买衣服呢。
    男：再看看，说不定有看中的我就买一双。
    问：谈话最可能在哪儿进行？

    A. 书店                    B. 鞋店

    C. 服装店                 D. 饮食店

25. 女：我买了台29寸的彩电，才3千多块钱，够便宜吧。
    男：便宜什么，现在便宜的才卖2千多。
    问：男的是什么意思？

    A. 不相信会这么便宜      B. 觉得根本就不便宜

    C. 认为便宜了1千元      D. 不知道是不是便宜

26. 女：听说麻辣腰花是你们这儿的特色菜？
    男：是啊。我们的配料和做法都跟别处不同，很受顾客欢迎。您来一份？
    问：谈话最可能在哪儿进行？

    A. 花店                    B. 菜场

    C. 药店                    D. 饭馆

27. 女：哎呀，真对不起，这标志是新设的吧？我没注意，没看到。
    男：请把驾驶证给我，把车停到路边。
    问：女的是什么人？

    A. 司机                    B. 游客

    C. 行人                    D. 观众

28. 女：你给出出主意，看买哪个牌子的好？现在化妆品的种类是越来越多了。
    男：可不是嘛，把我的眼都看花了。你还是自己挑吧。
    问：男的是什么意思？

A. 不满 B. 安慰
C. 拒绝 D. 担心

29. 女：你看着办吧。赶得上就一块儿来参加,赶不上就早点回家算了。
    男：好,我尽量抓紧时间。
    问：女的是什么意思？
    A. 叫男的抓紧时间  B. 让男的自己决定
    C. 要男的早点回家  D. 叫男的一起参加

30. 女：没关系,明天下午他们可以陪你一起去。
    男：开什么玩笑？我什么时候说过要去的？
    问：男的是什么意思？
    A. 问去的时间  B. 不要别人陪
    C. 没说过要去  D. 不是开玩笑

31. 男：每天晚上我就喜欢看她,听她讲话特有意思。
    女：我不喜欢她,声音一般,长得也一般,主持风格也不怎么样。
    问：他们最可能在谈什么事？
    A. 听广播  B. 看电影
    C. 听唱歌  D. 看电视

32. 男：我给老李打电话,要是联系不上,晚上就去他家。我不信他晚上不回家。
    女：你还真有决心啊。
    问：男的有什么打算？
    A. 一定要跟老李联系上  B. 一定要跟老李见上面
    C. 下决心给老李打电话  D. 先打电话再去老李家

33. 男：我三点以前走不开,要不,你自己去看吧。
    女：早点儿晚点儿没关系,我哪能一个人去看呢？
    问：女的是什么意思？
    A. 一个人去也没关系  B. 走不快就走慢点儿
    C. 可以三点以前去看  D. 要跟男的一起去看

34. 男：小张刚来个电话，说他也去，让我们等他一会儿。
    女：都过9点了，再不走就晚了。就他事多，一会儿去一会儿不去的。
    问：女的是什么意思？
    A. 对小张不满意　　　　B. 愿意等一会儿
    C. 让小张快点儿　　　　D. 不信小张也去

35. 男：这么多东西全都放进去了。
    女：怎么样？不换个大点儿的冰箱还真不行吧。
    问：女的是什么口气？
    A. 商量　　　　B. 疑问
    C. 生气　　　　D. 得意

# 第 三 部 分

(36—50题)
这部分试题,你将听到几段简要的对话或讲话。每段话之后,你将听到若干个问题,请你在四个书面答案中选择惟一恰当的答案。
例如:第38—39题,你听到:
　　38—39题是根据下面一段对话:
　　女:吃饭了吗?
　　男:刚吃过,你上哪儿去?
　　女:上商店买东西。
　　男:你姐姐在家吗?
　　女:不在,她看电影去了。
第三个人根据这段对话提出两个问题:
38. 他们是在哪儿谈话的?
你在试卷上看到四个答案:
A. 食堂　　B. 商店　　C. 电影院　　D. 去商店的路上
根据对话,第38题惟一恰当的答案是D,你应在答卷上找到号码38,在D上划一横道,横道一定要画得粗一些,重一些,把括号画满。
你又听到:
39. 问:女的姐姐正在干什么?
你在试卷上看到四个答案:
A. 学习　B. 看电影　C. 吃饭　D. 买东西
根据对话,第39题惟一恰当的答案是B,所以你应在答卷上找到号码39,在字母B上画一横道。横道一定要画得粗一些,重一些,把括号画满。
好,现在我们开始作第36和第37题。

36到37题是根据下面一段话:
男:　　冷盆又叫冷菜、凉菜,制作方法和品种非常多。冷盆不是主菜,它习惯上是最先上桌的菜,是为喝酒准备的菜。各种冷盆的共同要求是色彩要鲜艳,形状要美观,能引人注意;味道要爽口,鲜味要突出,能使人增强食欲。所以,一般是以熟菜为主,不要太松软,菜汁儿不要太多,也不要太咸,有的要带点儿甜味。下面分类介绍各种冷盆的特点和制作方法。

36. 问:这段话最可能出现在哪儿?
    A. 展览会上                B. 餐桌上
    C. 宴会上                  D. 书本上

37. 问:关于冷盆,哪一点说得不对?
    A. 它又叫冷菜、凉菜         B. 一般是以熟菜为主
    C. 是最先上桌的主菜         B. 是为喝酒准备的菜

38到40题是根据下面一段话:

男: 随着计算机网络知识的普及,"上网"成为一些大学生的谈论热点。许多学生被问到上网的动机时都说:"一开始是出于好奇心"。现在,大多数同学上网的目的是了解信息。网上信息来自四面八方,有时事新闻、学术谈论、文学艺术、体育运动、医学卫生等等,同学们既可以了解外面的世界,又可以发表自己的见解。他们说:"网上的朋友都很热情,一些生活、学习中碰到的难题都可以得到热心的答复","感到时间和空间都大大缩小了,只要真心投入,每人都可以得到回报"。

对于网络上存在的一些假信息和不良内容,大多数学生认为,这是个值得重视的问题。但是,这不是网上活动的主流,通过加强网络道德教育和完善网络监督制度,可以逐步减少这方面的消极影响。

38. 问:大多数学生"上网"的目的是什么?
    A. 满足好奇心              B. 了解信息
    C. 发表见解                D. 解答难题

39. 问:网上活动存在什么问题?
    A. 生活、学习中的难题       B. 一些值得重视的问题
    C. 有假信息和不良内容       D. 网上活动在逐步减少

40. 问:这段话主要说了些什么?

A. 计算机网络知识的普及
B. 大学生对"上网"的看法
C. 大学生"上网"的动机
D. 了解网上信息的好处

**41到43题是根据下面一段话：**

女： 我的工资不算高,这次20多天的西北旅行花的是我一年的奖金。我不想把钱都存在银行里。有了假期,我总想约几个同伴一起出去跑跑。前两年,我去黄山、上海、杭州、千岛湖,多半旅程是坐火车,住50块钱一天的小旅馆。能节省就节省,一路玩过去,我总共才花了1千5百多块钱,一点也不苦,玩得很开心。

我平时工作是很认真的。不管工资多少,努力了,事做成了,还是很有成就感的。有个朋友竟然叫我工作狂,我觉得工作狂可不太好。我的理想是有一份喜欢的工作,还能有时间出去玩。我真想找一个大学图书馆的工作,有书可看,一年还有两个假期。那比现在在公司工作强多了。

明天春节,我打算去昆明、桂林走一趟。老听见有人说没意思、无聊什么的,我觉得生活挺有意思,挺美好的。

41. 问：说话人在哪儿工作？
    A. 大学图书馆　　　B. 旅行社
    C. 银行　　　　　　D. 公司

42. 问：说话人认为自己怎么样？
    A. 工作很认真　　　B. 是个工作狂
    C. 工资还算高　　　D. 工作能力强

43. 问：关于说话人,我们还知道什么？
    A. 她有钱都存进银行　　B. 她旅行总是坐火车
    C. 她旅行时花钱很多　　D. 她觉得生活挺美好

**44到46题是根据下面一段话：**

男： 老麦61岁,当过船长,有4个儿子1个女儿。老麦当船长是自己给自己当,也就是说,他的船是他自己的,船员是他的儿子。他自己开着船,到处去捕鱼。他带着他的几个儿子撒下网去,总能从大海里捞上满网满网的鱼,换回一厚叠一厚叠的人民币。他在船上一边喝酒一边吃鲜鱼,日子过得快活而自由。

后来,儿子一个一个地都结了婚,成了家,老麦就把他那条花了60万元买的船留给了儿子们,自己弄一条破旧的小船,捕几条鱼养活自己。也没固定的住所,船到哪儿算哪儿。只是在每年过年的时候才回家去看看老婆和女儿。所以,村民们说,不到过年的时候,别想在村子里找到他。

这样,老麦仍然是船长,是他那条只有一个人的小船的船长。老麦仍然快活而自由。他很骄傲地说:"我永远是船长。"

44. 问:老麦的职业是什么?
  A. 退休者        B. 渔民
  C. 船长         D. 村民

45. 问:这段话主要告诉我们什么?
  A. 老麦的一生经历    B. 老麦和他的家庭
  C. 老麦的生活情况    D. 老麦的工作情况

46. 问:关于老麦我们还知道什么?
  A. 他的一个儿子已经结婚    B. 儿子成家后他单独生活
  C. 儿子花60万元买他的船    D. 过年时他常常不回村子

47到50题是根据下面一段话:

女: 听说您有三大爱好:第一个是骑摩托车,第二个是拉小提琴,第三个是打牌?我就觉得,这三个爱好好像跟我们心目中您的身份不太符合。因为您已经68岁了,竟然还骑摩托车;您是一位农业专家,成天跟泥土打交道,却喜欢拉小提琴;同时,您现在也很有地位,参加湖南省的一部分重要工作,可是您还打牌,输了还钻桌子。

男: 我身体不错,所以现在还骑摩托车。每天要到试验田去,上午一次下午一次。从播种开始一直到收获为止,这是我的职业习惯。走路,我这么来回一次大概有4公里,很不方便,所以我就骑摩托车,这主要是为了工作方便。为什么拉小提琴?这不是说只有音乐家才能拉吧?我是在大学时代学的。我是喜欢音乐的,中外的古典音乐我都很喜欢,当然拉得不好。后来肩膀有病,就不拉了。喜欢打牌嘛,那是休息,不能从早到晚天天想着工作,那头脑太紧张了。忙完了以后,放松一下。是玩嘛,跟身份、地位什么的没有关系,别人输了钻桌子,我输了当然也得钻。

47. 问:男的是什么人?
 A. 音乐家 B. 农业专家
 C. 政府官员 D. 大学教师

48. 问:男的为什么爱骑摩托车?
 A. 职业习惯 B. 身体不好
 C. 工作方便 D. 走路不便

49. 问:男的为什么后来不拉小提琴了?
 A. 肩膀有病 B. 拉得不好
 C. 没有时间 D. 更爱打牌

50. 问:关于女的我们可以知道什么?
 A. 她不知男的爱好什么 B. 她对男的不是很熟悉
 C. 知道男的打牌经常输 D. 想了解男的工作情况

# 模 拟 试 题 答 案

一、听力理解

| | | | |
|---|---|---|---|
| 1. B | 2. B | 3. C | 4. C |
| 5. C | 6. D | 7. C | 8. A |
| 9. C | 10. A | 11. D | 12. B |
| 13. B | 14. C | 15. C | 16. A |
| 17. C | 18. B | 19. C | 20. B |
| 21. B | 22. D | 23. C | 24. B |
| 25. B | 26. D | 27. A | 28. C |
| 29. B | 30. C | 31. D | 32. A |
| 33. D | 34. A | 35. D | 36. D |
| 37. C | 38. B | 39. C | 40. B |
| 41. D | 42. A | 43. D | 44. B |
| 45. C | 46. B | 47. B | 48. C |
| 49. A | 50. B | | |

二、语法结构

| | | | |
|---|---|---|---|
| 51. C | 52. C | 53. A | 54. C |
| 55. C | 56. B | 57. B | 58. C |
| 59. C | 60. C | 61. B | 62. B |
| 63. D | 64. C | 65. A | 66. D |
| 67. B | 68. C | 69. A | 70. A |
| 71. B | 72. C | 73. D | 74. B |
| 75. D | 76. B | 77. A | 78. A |
| 79. A | 80. A | | |

三、阅读理解

| | | | |
|---|---|---|---|
| 81. C | 82. D | 83. B | 84. D |
| 85. A | 86. A | 87. C | 88. A |
| 89. A | 90. A | 91. A | 92. B |
| 93. C | 94. B | 95. B | 96. A |

| | | | |
|---|---|---|---|
| 97. C | 98. D | 99. A | 100. D |
| 101. C | 102. A | 103. C | 104. A |
| 105. A | 106. A | 107. C | 108. B |
| 109. D | 110. B | 111. A | 112. C |
| 113. B | 114. D | 115. C | 116. C |
| 117. A | 118. D | 119. A | 120. D |
| 121. D | 122. B | 123. D | 124. C |
| 125. A | 126. D | 127. D | 128. C |
| 129. A | 130. C | | |

### 四、综合填空

| | | | |
|---|---|---|---|
| 131. D | 132. B | 133. B | 134. D |
| 135. A | 136. C | 137. B | 138. C |
| 139. D | 140. A | 141. D | 142. B |
| 143. C | 144. A | 145. B | 146. C |
| 147. D | 148. A | 149. D | 150. B |
| 151. D | 152. C | 153. A | 154. B |
| 155. 司 | 156. 绍 | 157. 值 | 158. 足 |
| 159. 需 | 160. 年 | 161. 假 | 162. 于 |
| 163. 照 | 164. 行 | 165. 秀 | 166. 邀 |
| 167. 友 | 168. 量 | 169. 在 | 170. 望 |

Printed in the United States
863100002B